부동산 투자실무

부동산 투자실무

● 서성수 지음 ●

산지니

머리말

부동산 투자에도 정석이 있다.
정석을 알아야 변칙도 사용할 수 있다.

평균수명이 길어지며, 장년 이후를 어떻게 보내느냐가 성공적 인생 여부를 가늠하는 잣대가 되었다. 동시대의 사람들에게 이는 두 가지 측면에서 숙제를 부여한다. 먼저 지겹도록(?) 길 수도 있는 퇴직 이후의 절반의 인생도 또 다른 열정을 가지고 일할 수 있는 일거리가 필요하다. 다른 하나는 부족한 수입을 보충할 수 있는 대안을 마련하는 일이다. 이를 모두 충족시키는 방법은 청장년 시절부터 퇴직 이후의 삶을 염두에 두고 필요한 역량을 길러야 한다. 평균 수명이 60 ~ 70세 시대의 인생에 대한 설계와 80을 넘어 100세를 바라볼 시대의 삶에 대한 자세는 달라져야 한다. 이 책을 저술한 목적은 이러한 명확한 명제에서 출발한다. 첫 번째 직장을 가지기 위한 학령기 학습에서 벗어나, 두 번째 직업, 후반부 인생에 적합한 분야에 대한 지식섭렵의 방안을 제시한다. 다음으로 직업적 측면 외에도 근로소득 외 자산소득의 증가 방안에 대한 길을 제시한다. 나이가 들수록 노동소득은 감소할 수밖에 없음을 직시하면 노동소득 외의 소득이 발생하는 구조를 만들 필요가 있다. 이제 누구든지 근면성실하게 일하면 부자가 될 수 있는 기회가 열려 있다는 '눈 가리고 아웅'식의 얘기는 공감 받기 힘들다. 근검절약과 끊임없는 노력으로 어느 정도의 자산축적을 이루는 방법이 불가능한 것은 아니다. 하지만 시대가 변했다. 발상의 전환이 필요하다. 산업화시대에는 근검절약으로 종자돈을 모은 후, 과감하게 행동으로 옮길 수 있는 실천력만 있다면 나머지는 시간이 해결해 줬다. 개발도상국 시절의 고도 성장기에 투자의 3박자를 묻는다면 종자돈의 축적, 과감성 있는 실천력, 정보 수집을 들 수 있다. 아이쇼핑을 하던 백화점이나 무심결에 보게 된 홈쇼핑에서 지름신(?)이 강림하면 낭패를 보지만 투자에서 만큼은 과감하게 지갑을 열 수 있어야 부자가 될 수 있었다. 특히 개발정보나 기업 내부정보를 조금 빨리 취득할 수 있는 정보력이 뒷받침된다면 부동산이든, 주식이든 확실한 수익을 올릴 수 있는 좋은 시절이었다. 어찌 보면 리스크 같은 복잡한 개념을 모르는 사람이 현실적으로 더 좋은 결과를 얻을 수 있었던 아이러니한 시대였다고나 할까?

산업화시대에서 지식정보화시대로 전환하는 과정에서의 투자 방식으로 부를 축척하기에는 세상이 너무 많이 변했다. 단순한 지식정보화시대에서 이론적 지식과 실질적 경험의 창조적 융 · 복합 시대로 바뀌고 있다. 넘쳐나는 정보를 재단하고 분석해서 창의적 결론을 내릴 수 있는 사람만이 성공할 수 있는 새로운 패러다임이 열리고 있다. 이는 투자에 대한 관념이나 방식도 모두 달라져야 함을 의미한다.

이론에 한정된 절름발이 지식이나 현장전문가로 경도된 노하우로는 결코 달콤한 과실을 즐길 수 없는 시대가 도래했다. 이러한 역량을 기르기 위해서는 경제에 대한 큰 흐름을 이해할 수 있는 기초지식을 먼저 배양해야 한다. 이를 바탕으로 생애주기에 맞는 투자방식과 경험이 축척되고 적성에도 부합하는 나만의 확실한 투자기술 하나쯤은 가지고 있어야 할 것이다.

이 책은 대학 강의실에서만 통하는 학문의 향연 '그들만의 리그'를 벌이자는 것도 아니고, 아무런 근거도 없이 저절로 부를 이룰 수 있을 것이라는 환상을 심어주는 수필식의 재테크 서적을 출간하기 위함도 아니다. 다만, 어떤 특정 측면만을 강조하는 좁은 틀에서 벗어나 경제의 큰 흐름을 볼 수 있는 눈을 기르고, 현 시대의 대한민국 부동산 투자에서 반드시 알아야 하는 투자마인드 확립과 기본적인 투자지식 및 정보 분석 방법에 대해서 풀어보고자 했다. 이 책을 읽고 투자에 대한 관점 정립과 자산관리에 대한 이해가 체계화될 수 있다면 저자가 바라는 소기의 목적은 달성한 셈이다. 이 책이 새로운 출발점에 서게 될 여러분의 인생에 변곡점으로 자리할 수 있기를 기대한다.

서성수

목차

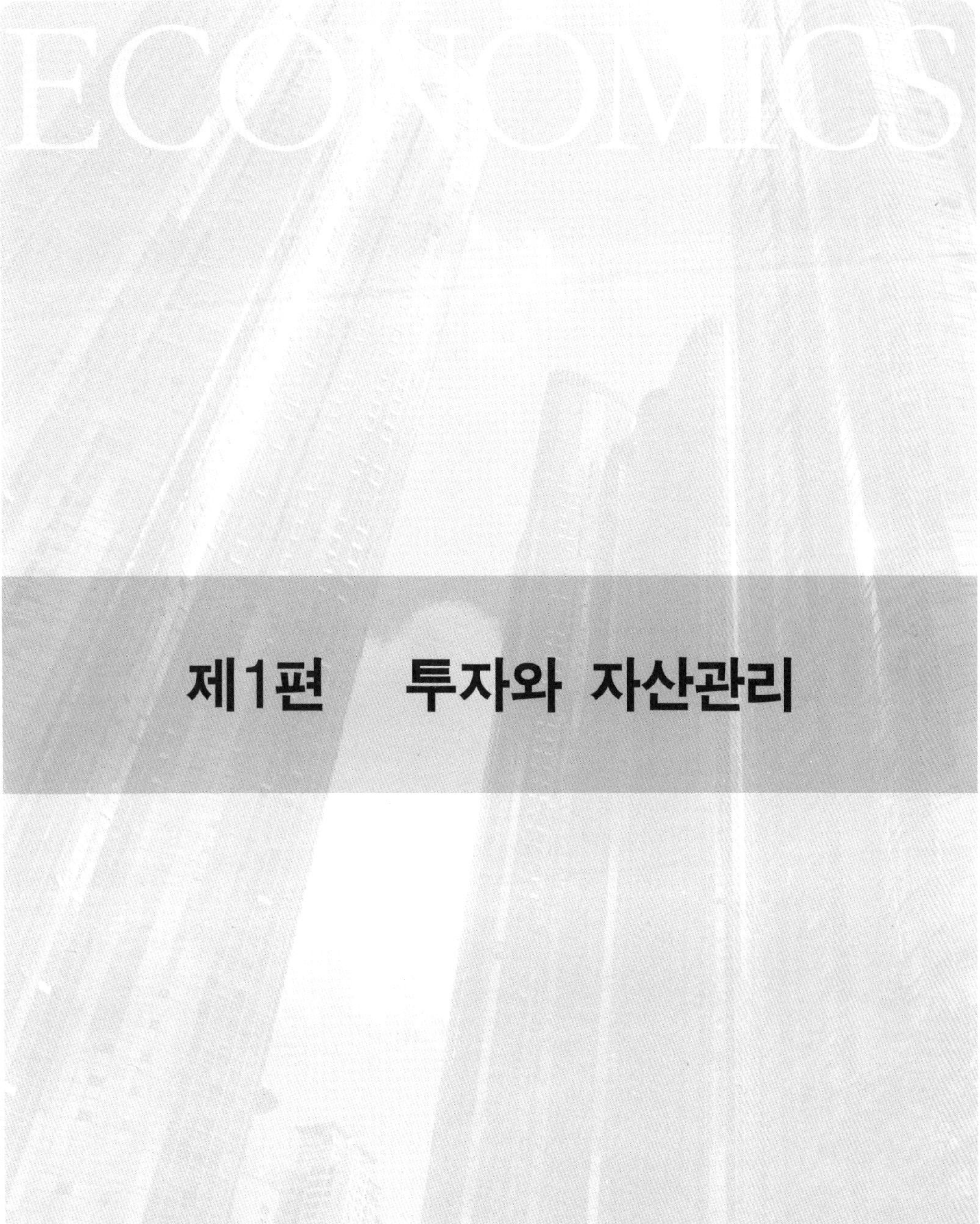

제1편 투자와 자산관리

제1절

자산의 유형별 특징과 재테크

돈은 사람을 행복하게 만드는 충분조건은 못 되지만 필요조건이라는 것만큼은 부인하기 힘들다. 문제는 주객이 전도되고 있다는 점이다. 주위를 보면 노후걱정으로 현재의 행복을 담보로 맡기고 돈에 종속되어 사는 사람들도 부지기수다. 돈이 없으면 자유롭지도 행복하지도 못한 것이 사실이라면 최소한 그 필요조건을 만족시키고, 노후 걱정으로 전전긍긍하지 않을 수 있는 방법을 모색해야 하지 않을까?

부를 이루는 방법에는 여러 가지가 있다. 부모를 잘 선택해(?) 태어나거나, 결혼상대자를 잘 만나거나. 타고난 운이 있어 로또에 당첨이 되는 경우도 있다. 그렇지만 이러한 방법은 애초에 내가 선택할 수 있는 영역이 아니거나, 이런저런 행운을 기대하기에는 그 확률이 너무 낮다. 대부분의 사람은 자신의 능력을 키우고 성실함으로 부를 창출할 수밖에 없다. 하지만 똑같이 열심히 해도 성과에는 확연히 차이가 나는 경우를 주변에서 쉽게 볼 수 있다. 아무리 열심히 운동해도 플라이급 선수가 헤비급 선수와 같은 규칙으로 경기장에 올라가서 승리를 기대한다면 어리석은 일이다. 그럼에도 불구하고, 현실에서는 이러한 실낱 같은 확률을 기대하고 헤비급들이 출전하는 투자 무대에 무모하게 도전장을 내미는 플라이급 선수들을 무수히 보게 된다. 이런 경우 십중팔구 실패를 경험하고, 사회 시스템을 문제 삼거나 운이 없음을 탓하곤 한다. 분명한 것은 실패는 본인의 몫이라는 것이다. 설령 불합리한 규칙으로 작동하는 시합이더라도 아무도 그 시합에 참여할 것을 강요하진 않는다. 자신만은 다를 것이라는 환상을 가지고 스스로 경기장에 나섰을 뿐이다. 많이 안다고 돈을 벌 수 있는 것은 아니지만 알지 못하면 돈을 벌 수 있는 확률은 급격히 줄어든다. 운에 맡기고 투자하기에는 인생이 너무 팍팍하다.

지식이 부자가 되기 위한 충분조건은 아니지만 필요조건이라는 점부터 인식해야 한다. 덧붙여 투자에 대한 부가적인 소양이 갖추어져야 한다. 기회가 왔을 때 실천에 옮기지 못하면 아무 일도 발생하지 않는다. 기회가 계속해서 찾아오는 것도 아니다. 평소 미리 갈고 닦고 준비를 해 둬야 한다. 그래야 기회의 여신이 다가오면 과감히 다가설 수 있다. 용기는 철저한 준비에서 비롯된다.

만일 갑자기 하늘에서 1억이라는 돈이 뚝 떨어진다면 어떻게 할 것인가? 필자가 재테크 강의나 대학 평생교육원 등 성인학습자들을 상대로 할 때 예로 제시하는 재테크 방법이다. 여러분도 어떻게 굴릴 것인지 고민해 보기를 바란다.

1. 정기예금에 넣어둔다.
   매달 통장정리 할 때마다 '이렇게 살아서는 안 되겠다'는 사실을 느낄 것이다.

2. 주식투자를 한다.
   왜 개미투자자라고 하는지 새삼 절감하게 된다.

3. 아파트를 전세 안고 구입한다.

대안이 없어 줄기차게 하고 있고,
그 덕분에 가격도 많이 올랐다.
문제는 앞으로도 계속 오를 수 있을 것인지 자신이 없다.

4. 채권을 구입한다.

채권이라고는 집 살 때 국민주택채권 구입해서 은행에 할인해 팔아본 기억밖에 없다.

5. 금을 산다.

금값이 너무 올라 벌써 오래전부터 돌 반지 대신에
10만 원 넣은 지도 오래 되었다. 우리 아들 돌잔치에 받은 돌 반지는 이사할 때 가전제품 바꾸는 데 보탰다.

6. 나이 들면 세 받아 먹는 것이 최고다.

조그만 구분 상가를 매입한다. 눈을 씻고 찾아봐도 구분상가 형태의 상업시설이 성공한 걸 거의 못 본 것이 문제다.

7. 나이 안 들어도 세 받아 먹는 것이 최고다.

소형 오피스텔을 구입한다.
문제는 너무 올랐다.

8. 어차피 요즘 1억으로 할 수 있는 것이 마땅히 없다.

로또로 승부수를 띄운다. 아니면 스포츠 토토도 있다.
자선사업을 하고 싶다면 그냥 기부하는 게 더 좋지 않을까?

9. 길게 보고 저렴한 토지를 구입한다.

조금만 삐끗하면 기획 부동산의 늪에 빠진다.

10. 원유, 구리 등 원자재 사재기에 도전한다.

문제는 사재기 할 공간이 없어 선물이나 옵션에 투자해야 한다. 여기에서 놀려면(?) 경제전반, 원자재의 특성, 선물과 옵션까지 다방면으로 공부해야 한다. 이정도 공부하면 펀드매니저나 애널리스트 하는 게 나을 것 같다.

11. 인생 뭐 있나??? 강원랜드로 달려간다. 마카오도 괜찮다.

구태여 덧붙일 말이 무슨 필요 있으랴?

재테크 방법은 많다. 헌데, 막상 돈이 생기니 또 할 게 없다. 그래서 또 부동산을 산다. 이것이 지금까지의 대한민국 보통 사람의 투자세계다.

경기 상황, 금융 환경에 따라 유망 종목은 달라진다. 다른 표현으로 하자면 자산 증식과 관리를 위해서는 아주 많은 방법론과 세부 종목이 있다는 얘기다. 큰 부류로만 보더라도 주식, 채권, 금, 원자재, 외화, 부동산 등등... 투자방식도 직접투자, 간접투자, 단독투자, 공동투자, 현물투자, 선물투자, 옵션투자 등 정말 다양하다. 부동산 공부에 들어가기 전 이들 자산의 특징을 간단히 비교해보자.

먼저, 고전적 자산 3분론에서 항상 비교대상으로 등장하는 주식과 예금, 부동산의 관계에 대해 알아보자. 흔히 주식은 수익성과 환금성은 뛰어나지만 안전성은 떨어지고, 부동산은 수익성과 안전성은 좋으나 환금성이 문제라고 한다. 반면에 예금은 안전성과 환금성은 최고인 반면에 수익성은 미약하다. 이러한 성격에 대한 특징은 일반적 경기상황을 전제로 한 상대적인 개념이다. 주식이 위험하고, 예금은 수익성이 떨어지고, 부동산은 무조건 환금성이 부족한 것은 아니라는 얘기다. 이를테면 한국전력 같은 주식은 매우 안전하고, 금융기관의 자금이 부족한 상황에서 가끔씩 나오는 특판 정기예금의 수익성은 만족할 만한 수준인 경우도 종종 있다. 부동산경기가 좋을 때 분양권은 환금성도 뛰어나다. 아래의 표는 상대적 개념임을 인지하고, 경기순환주기에 따라 이러한 상대적 척도가 강화되거나, 약화될 수 있음을 염두에 두자.

구분	주식	예금	부동산
투자자금	소액	소액	다액
인플레이션 방어기능	조금 있음	없음	있음
디플레이션 상황 대처	없음 (개별주식에 따라서는 발생)	좋음	나쁨
수익성	높음	낮음	높음
안전성	낮음	높음	높음
유동성	높음	높음	낮음
세금	일정하고 낮음	수익에 비해 높음	변화 심하고 높음
거래편의성	간편함	간편함	복잡함
거래비용	적음	적음	많음
투자분석	복잡함	간편함	복잡함
관리비용	없음 (펀드는 발생)	없음	높음

	주식	채권
발행자	주식회사	정부, 지자체, 특수법인, 주식회사
투자자의 지위	주주	채권자
자본조달방법	자기자본	타인자본
증권의 존속기간	영구적	기한부
원금상환 의무	x	o
가격변동 위험	크다	적다
투자가치	배당 + 시세차익	확정이자 + 시세차익
투자시기	회복기	호황기 말기에서 후퇴기 진입시기

	채권	예금
만기일	o	o
투자기간	선택가능	선택가능
중도해약	가능(원금손실 위험)	가능(원금보전)
신용도	채권 발행자의 신용	은행의 신용
예금자보호	x	1인당 5,000만 원

위에서 예로 든 모든 투자종목을 관통하는 최고의 투자전략이 있다. 바로 외부요인에 의한 변수를 최대로 줄여서 예측가능성을 높이는 일이다. 포트폴리오 투자를 하는 이유도 마찬가지다. 피할 수 있는 비체계적 위험을 최대한 줄이기 위해서는 자산의 특징에 따른 분산투자가 필요하다. 일반적으로 알고 있는 주식, 부동산, 예금에 대해 자산을 분산시켜야 한다는 고전적 자산 3분론도 이러한 이유에서다. 문제는 시대의 변화에 따라 자산의 특징도 계속 변화하고 있고, 동조화현상을 일으키는 경우도 발생하고 있어, 보다 섬세한 자산 배분이 필요하다.

일례로 전통적 경기변동이론에 의하면 주식은 실물경기에 선행하고, 부동산은 후행한다. 하지만 최근에 일어나는 현상을 관찰해보면 동조화현상을 나타내는 경우도 부지기수고, 어떤 시기는 부동산시장이 선행하고, 주식시장과 실물시장이 동행하는 경우도 나타나고 있다. 더불어 과거의 고금리 경제에서 저금리 경제로의 변화는 투자에 대한 기본적인 패러다임 변화를 불러일으키고 있다. 결국 투자에 성공하기 위해서는 경제의 큰 흐름을 파악하는 능력을 배양하고, 제어할 수 없는 변화에도 자산을 지킬 수 있어야 한다. 더불어 흐름이 왔을 때는 과감하게 치고 나가 자산을 증식시킬 수 있는 포트폴리오 전략이 필요하다.

효율적인 자산관리를 위해서는 인생의 특정시기에 따라 마음자세나 투자종목이 달라져야 한다. 저축을 통해 종자돈을 만들어야 될 시기도 있고, 이를 활용해 공격적인 투자방법을 실행해 재산증식을 이루어야 할 때도 있다. 한 가지 명심해야 할 것은 '공격이 최선의 방어'라는 경구를 마음속에 새겨둬야 한다. 나이가 들수록 지나치게 움츠러드는 경우가 있다. 한 번 수세에 몰리면 경기가 끝날 때 까지 피곤해진다. 수비를 탄탄히 해야 하겠지만 기본적으로 공격도 병행해야 한다. 만만치 않은 세상이라는 이름의 강팀과의 경기에서 먼저 골을 넣었다고 곧바로 지키기 전략으로 돌입해서는 안 된다. 초반부터 지키기 전략으로 임해서는 종료휘슬이 울렸을 때 최종적으로 이기는 경기를 하기가 힘들다. 수명의 연장은 세상과의 경기시간이 더 길어졌음을 의미한다. 전후반 90분 경기에서도 후반 중반 70여 분까지는 공격적 전술이 필요하다. 하물며, 기본 경기시간이 120분으로 늘어났음에도 45분 이후 앞서고 있는 점수를 지키기 위해 소극적 경기를 고집한다면 어떻게 될까? 설령 밀리는 경기 끝에 경기 스코어에서는 이겼더라도 그 과정이 너무 지난해 큰 의미를 두기 힘들 것이다. 결과도 중요하지만 과정도 중요하다. 미래에 대한 걱정과 자식에게 남겨줄 유산을 위해 경기시간 내내 고통스럽다면 무슨 의미가 있겠는가? 정상적 경기운영을 펼쳐야 한다. 공격도 하고, 수비도 하고, 무엇보다도 경기시간 자체를 즐겨야 한다. 어차피 피할 수 없는 경기라면 즐겁게 하는 편이 훨씬 좋은 결과를 가져올 것이다. 혹여 경기에 패하더라도 그 과정 자체에서 보람과 가치를 찾을 수 있을 것이다.

이전 세대는 전후반 45분씩의 경기만 치르면 되었지만 현 세대는 연장전까지 염두에 두고 경기에 임해야 한다. 앞서고 있는 상태에서 남은 시간이 20분이라면 전원 수비로 나가는 전략도 고려할 만하다. 하지만 경기시간 자체가 길어졌다. 겨우 전반전 끝난 시점에서 벌어들인 점수를 지키기 위해 후반전 시작부터 수비위주로 경기를 펼쳐 가면 한 마디로 답이 없다.

평균수명이 늘어나며 생애자산주기운용도 이전부터 내려오는 기존이론과는 다르게 접근할 필요가 있다. 외국의 투자전략과 자산관리이론을 우리나라에 단순접목 시키는 시각도 탈피해야 할 것이다. 대학생과 초등학생을 동일 잣대로 놓고 비교하는 방식은 또 다른 문제점을 초래할 뿐이다. 흔히 이론이 현실과 부합하지 않는다는 얘기의 상당수는 이러한 오류에서 비롯된다. 분명히 부동산 분야에서 우리나라보다 먼저 관련 이론을 발전시킨

선진국의 이론을 도입해야하고, 여타 나라들의 상황을 타산지석으로 삼아야 할 것이다. 하지만 무비판적인 수용은 오히려 학문적 발전에 저해가 될 뿐이다. 대표적으로 입지나 상권분석과 관련된 이론이 이에 해당한다. 우리나라와 땅의 크기나 도시형성과정, 문화가 달라, 기존의 입지이론의 상당부분은 우리나라의 현실과는 맞지 않다. 그렇다면 왜 그러한지를 연구, 분석해 설명해줘야 하는데, 대부분 미국에서 발달한 도시발달 및 입지와 관련된 이론을 그대로 소개하고, 이론과 현실은 다르다는 식으로 정리해버린다. 이렇게 되면 이론은 탁상공론에 불과하다는 잘못된 인식을 심어줄 우려가 있다. 사실 대부분의 이론은 가설을 설정 한 후에 현실과의 부합여부를 인정받아 이론으로 정립된 것이다. 다만 사회과학의 특성상 시간이 흐르고, 지역이 달라지면 일부분은 수정이 필요하다. 이러한 점을 고려해 우리 실정에 맞게 고쳐서 적용할 수 있는 변형된 이론을 정립하는 것이 부동산을 연구하는 학자나 실무종사자들의 역할이 아닐까 한다. 흔히 부동산 감정평가방식 중에서 가장 널리 사용되고 있으며, 직관적이면서도 설득력 높은 방식으로 거래사례비교법을 거론한다. 이 방식은 거래과정에 특별한 사정이 개입되었는지의 여부를 감안하는 사정보정과 거래시점을 고려하는 시점수정을 비롯해 비교 대상물건과의 지역요인, 개별요인에 따른 차이가 적확하게 비교, 평가되어야 제대로 된 평가로 인정받을 수 있는 것과 같은 이치다.

예전에는 별다른 노력과 기술이 없어도 정보와 실천력만 있으면 수확을 얻을 수 있었다. 상대적으로 맛있는 감나무는 지천으로 열려 있고, 감이 떨어지기를 기다리는 사람이 대부분이다. 이런 경우 먼저 감나무에 올라가거나 장대를 마련하면 남보다 먼저 과실을 취득할 수 있었다. 이제는 이런 탐스러운 감나무가 잘 보이지 않는다. 보이는 감나무도 숙성되지 않은 떫은 감이 더 많다. 감나무가 어디에 있는지를 알아야 하고, 그 감이 충분히 숙성되었는지를 감별하고, 최소의 노력으로 최대의 수확을 올릴 수 있는 감 수확 방법을 강구해야 한다. 언제까지 감 한 개 따자고 나무를 오르내릴 수는 없지 않은가? 결국 감나무가 어디에 있는지를 알아내는 정보력과 감의 숙성여부를 판난할 수 있는 지식, 언제쯤 어떤 방법으로 수확하는 것이 가장 효율적인지를 알아내는 경험이 하나가 되어야 한다. 이 모든 것을 한마디로 정의하면 통찰력이다. 통찰력이란 정보를 파악하고 이면을 읽어낼 수 있는 지적 능력이다. 이러한 통찰력은 지속적인 지식습득과 직·간접 경험 및 정보를 종합하고 분석하는 습관이 어우러져 부지불식간에 길러진다.

부자가 되는 패러다임이 바뀌고 있다. 무조건 절약하는 방식으로는 힘들다. 그렇다고 개발도상국시절에 사용하던 일단 지르고 보는 방식의 투자 역시 시대착오적인 발상이다. 무작정 열심히만 하면 성공하는 시대는 끝났다. 열 명의 사람이 이전의 방식을 그대로 답습하여 땀 흘려 이루는 성과보다 한 사람이 깊은 사고 끝에 행동으로 옮겨서 나온 창조물이 더 많은 사람에게 혜택을 주는 시대다.

이런 능력은 어떤 방식으로 배양할 수 있을까? 먼저 학습이 바탕이 되어야 한다. 지식정보화사회에서 융합과 창조시대로의 전환기에는 일단 지식과 정보는 당연히 갖추어야 함을 전제로 한다. 가장 중요한 통찰력은 학습의 시간에 비례하지 않는다. 사물의 이면을 살펴보고, 미래를 예지할 수 있는 통찰력이 생기지 않으면 두려움 때문에 공부를 위한 공부만 할 가능성이 높다. 성공하는 사람은 더 큰 성공을 위해, 실패하는 사람은 실패를 최소화하기 위해, 보통 사람은 성공한 사람들의 반열에 오기 위해. 지식과 경험이 상호작용으로 발생하는 통찰력을 기르기 위한 부단한 노력을 기울여야 한다. 그 첫걸음은 투자에 관한 마음가짐의 정립에서부터 출발한다.

제2절

투자 이전에 준비해야 할 마음가짐

1. 비관론에는 몸담지 말자

긍정론자가 투자세계에서는 승자가 된다. 물론 근거 없는 무조건적인 긍정론자가 되라는 얘기는 아니다. 똑같은 상황이 주어졌을 때 누군가는 긍정적인 면을 보고 접근하고, 누군가는 부정적 측면만 부각해서 바라본다. 부정론자는 안 될 이유만 찾고, 그것이 가끔 적중하기라도 하면 "그것 봐" 하며 만족한다. 틀려도 조금만 기다리면 곧 떨어질 것이라고 스스로를 위로한다. 하지만 기대와 달리 계속적인 상승이 있으면 세상이 잘못되고, 투기꾼 천국의 비정상적 행태, 버블이니 하며 온갖 자극적 용어와 원색적 비난이 난무한다. 투기꾼이나 사기꾼이 일반인들에게 투자만 하면 대박을 터뜨릴 것 같은 환상을 부여하는 것 못지않은 폐해다. 잘못된 투자를 유도해 손실을 보게 하는 것은 적극적 손실을 일으키지만, 투자에 나서지 못하게 만들어 재산형성을 할 수 있는 기회를 박탈하는 것도 소극적 재산손실에 해당하는 행위이기 때문이다. 그저 투자하지 말아야 할, 움직여서는 안 되는 대안 없는 이유의 나열을 지속하는 것은 지양해야 한다.

주의해야 할 것이 있다. 긍정론자와 아무 일도 하지 않고 막연하게 잘

될 것이라고 신념만 부여하는 몽상가는 구별해야 한다. 진취적 긍정론자는 같은 상황에서 시장을 분석하고 투자대상의 약점을 보완할 방법을 찾고 기회를 기다린다. 세상을 조롱하고 염세적 태도를 보이며 포기하는 자세와 그곳에서 기회를 엿보며 기다리는 것은 엄청난 차이를 가져온다.

2. 미리 준비하고 기다리자, 반드시 기회는 온다

패스트푸드 체인점의 하나인 KFC 점포 앞에 가면 창업자인 할랜드 데이비드 샌더스의 동상이 있다. 초등학교도 졸업하지 못한 그가 창업을 하고 세계적인 프랜차이즈 업체로 성장시켰으니 그 자체로 입지전적이다. 하지만 학력보다 더 대단한 사실은 60이 넘은 나이에 창업하여 70이 넘은 나이에 진정한 성공을 거두었다는 사실이다. 요즘도 심심찮게 들을 수 있는 말이 있다. "내가 10년만 젊었어도, 40만 되었어도, 50만 되었어도, 어떻게 했을 텐데..." 류의 얘기다. 샌더스가 남긴 말을 곱씹어보면 적극적 실천력이 얼마나 중요한지 알 수 있다.

"훌륭한 생각, 멋진 아이디어를 가진 사람은 무수히 많다. 그러나 행동으로 옮기는 사람은 거의 없다. 나는 남들이 포기할 만한 일을 포기하지 않았을 뿐이다. 포기하고 싶을 때마다 무언가 해내려고 계속해서 도전했다. 실패와 좌절의 경험도 인생을 살아가면서 겪는 하나의 공부이다. 현실이 슬픈 그림으로 다가올 때면, 그 현실을 보지 말고 멋진 미래를 꿈꾸자. 그리고 그 꿈이 이뤄질 때까지 앞만 보고 달려가자. 인생 최대의 난관 뒤에는 인생 최대의 성공이 숨어 있다."

기다릴 줄 알아야 한다. 그러나 그냥 막연히 기다려서는 안 된다. 부지불식간에 올 기회를 잡기 위해서는 미리 준비하고 기다려야 한다. 기회가 왔을 때 필요한 것을 준비하려면 이미 늦다. 준비하고 있으면 실천력도 그만큼 올라간다. 적극적 실천력이 떨어진다는 말은 미리 준비하지 못했기에 망설이다 기회를 잃는 것의 또 다른 표현이다.

3. 끊임없이 배워라, 지식은 통찰력의 자양분이다

사람들이 크게 착각하는 사실이 하나 있다. '너무 알면 돈 벌기 힘들다'는 속언이다. 틀렸다. 아마 많은 사람들을 속이기 위해 부자들이 만들어낸 거짓말일 것이다. 그도 아니라면 과거 산업화시대에 일부 무식한(?) 부자가 탄생해 진리처럼 회자되고 있는 오도된 역사이다. 오해하지 말자. 부자가 되기 위해서는 학벌이 높아야 된다는 뜻이 아니다. 어떤 형태의 공부든 손을 놓지 말아야 한다는 뜻이다. 자기분야에서 성공하기 위해서 공부하면 안 된다고 말 하는 사람은 없을 것이다. 투자도 마찬가지다. 투자분야에서 성공하기 위해서는 책을 놓아서는 안 된다.

오하마의 현인으로 불리는 워런 버핏은 평생 하루의 3분의 1 이상을 책을 읽고 자료를 분석하는 데 사용하고 있다. 아무리 바빠도 그 일정을 지킨다. 버핏의 고백이다. "나는 아침에 일어나 사무실에 나가면 책부터 읽기 시작한다. 읽은 다음에는 8시간 통화하고 읽을거리를 집으로 가져와 저녁에 또다시 읽는다."

4. 뿌리 깊은 나무는 바람에 흔들리지 않는다

어린 시절 본 무협영화의 기억을 떠올려보자. 주인공이 가족이나 연인의 복수를 위해서 은거하고 있는 무림고수를 찾아가서 도움을 청한다. 이때 기다렸다는 듯이 도와주는 사부는 아무도 없다. 천편일률적으로 그 스토리는 동일하다. 사부는 계속해서 거절하고 매몰차게 내친다. 그래도 주인공은 굴하지 않고, 문 앞에서 밤을 꼬박 새워 기다린다. 사부는 모른 체 제자로 받아준다. 하지만 무공연습은 어림도 없다. 물 기르고 밥 짓는 허드렛일부터 시킨다. 물 기르는 곳은 멀고, 양 어깨에 짊어진 물지게는 삶의 무게만큼이나 무겁기만 하다. 그나마 균형을 잃으면 쏟기 일쑤다. 그러면 왔던 길을 다시 돌아가야 한다. 본격적인 훈련에 들어가서도 이른바 사부의 절대 신공, 고급초식을 하루라도 빨리 배우고 싶은 주인공에 비해 사부는 느긋하기만 하다. 차근차근 단계를 밟아 가르친다. 주인공도 보는 관객도 애가 탄다. 주인공이 하루라도 빨리 늙은 사부의 내공이 깃든 절대 신공을 익혀 악당에게 통쾌하게 복수하는 것을 보고 싶은데. 그 시간은 더디기만 하다. 어찌어찌해서 그 신공을 익히고 나서 악당과 대결할 때조차도 복수는 쉽지 않다. 쉽게 이기길 기대했지만 상당히 고전한다. 결국 해피엔딩으로 끝나지만... 이 무협영화 한편에 투자세계 아니 인생의 모든 진리가 함축되어 있다.

요즘 신세대가 보면 고리타분의 극치로 보이겠지만 이 속에 진리가 숨어 있다. 어쩌면 이런 진부한 스토리가 식상해 요즘은 이해할 수 없는 스토리의 막장 드라마(?)가 인기를 얻는지도 모르겠다.

기초에 충실하면 지겨워하고, 화려한 내용 비틀기, 이른바 편법에만 열광하는 시대다. 어느 분야이든 제대로 된 고수는 이미 알고 있는 사실이 하나 있다. 밥 짓고, 물 기르고 하는 과정에 운명을 가르는 승부수가 숨어 있다. 절박함으로 마음만 급해 형식에만 급급하지 않도록 무공을 익히는데 필요한 기초체력과 평형감각을 물지게를 통해 익히게 한다. 허드렛일을 통해 조급함으로 화를 부를 수 있는 마음에 대한 다스림은 필수다. 이후 무공수련에 들어가서도 단계별 전진이 있을 뿐 하루아침에 최고난이도 초식을 배우는 일은 없다. 마음만 급하면 무협지를 읽어본 사람은 다 아는 주화입마를 입게 된다. 설령 운 좋게 주화입마를 면했더라도 영화의 결말이 비극적으로 끝난다. 조금 편하게 배우고, 조금 일찍 하산했을 뿐인데...

마지막 스토리 하나가 달라진다. 고전 끝에 결국 패한다. 아버지의 원수를 갚는 것은 고사하고 대를 이어 패배의 아픔을 곱씹게 된다.

투자세계도 하등 다를 것이 없다. 정말 고수가 되면 싸워야 할 때, 물러날 때를 안다. 하지만 얼치기 고수가 되면 무조건 싸우려 든다. 또한 초심은 사라지고, 본인이 배운 얄팍한 기술로 다른 사람을 괴롭히는 데 사용한다. 이는 우리 사회 곳곳에 만연된 어설픈 투자기술과 편법(?)으로 쉽게 확인할 수 있다. 이전에는 대충 배워 칼 차고 다녀도 살아남을 수 있었다. 생각보다 고수가 많지 않았다. 하지만 현 시대는 춘추전국시대이다. 멋으로 칼 차고 다녔다가는 과실은커녕 목숨 같은 있는 재산도 지키기 힘들다. 어설프게 투자세계에서 무사 흉내 내는 것보다는 마음 편하게 평생을 땅을 일구며 땅의 수확물(월급)에 감사하며 농부(직장인)로 사는 것이 현명할 것이다.

제3절

투자원칙과 유의점

1. 반대편으로 움직여라

발상의 전환, 참 많이 듣는 얘기다. 한때 유행했던 모 CF처럼 남들이 'Yes'라고 할 때 'No'라고 하고, 남들이 '아니오'라고 할 때 '예'라고 말하기가 말처럼 쉽지가 않다. 태생적으로 인간은 모여 있어야 심리적 안정감을 얻을 수 있는 사회적 동물이다. 그런데 재미있는 사실은, 투자론적 관점에서 본다면, 다수에 속해 있으면 이득보다는 손해 보는 일이 더 많다는 점이다. 투자세계에서도 파레토법칙이 적용된다. 20%의 부류에 속해서 움직여야 성공한다. 80% 다수에 휩쓸려 다니면 마음은 편할지 몰라도 투자성공 확률은 급격히 떨어진다. 만일 매도 편으로 긴 줄이 형성되어 있다면 반대편 매수 편, 짧은 줄로 옮겨라, 불안할 것이다. 옆집 순이 엄마도, 철수 엄마도 반대쪽에 있는데, 나 혼자 이곳에 서 있을 수 있으려면 특별한 배포와 확신을 줄 수 있는 지식이 필요하다. 그 불안함에 대한 과실이 투자수익이다.

가끔 〈동물의 왕국〉이라는 프로그램을 볼 때마다 느끼는 점이 있다. 사냥을 하는 맹수는 혼자 다니거나 가족 단위로 다닌다. 그런데 사냥을 당하는 초식동물들은 '떼'로 몰려다닌다. 이때 맹수라도 나타나면 혼비백산 모두 도망가기 바쁘다. 그렇게 무리 지어 다니다 무리에서 떨어지면 맹수의 밥이 된다. 안타깝지만 그것이 하늘의 섭리다. 사람도 과거 육체적인 면에서는 약한 존재였다. 위험을 최소화시키기 위해서는 무리 속에 있어야 했다. 이러한 잠재된 생존본능이 현대에서도 나타나고 있다. 조금 다른 사례를 들어보자. 대학에서 학생들을 데리고 MT나 축제 등에서 O, X 게임을 하면 재미있는 현상을 발견하곤 한다. 처음에 참가한 많은 학생들을 어느 정도 솎아내기 위한 방편으로 난이도가 있고 함정도 숨어 있는 문제를 3번째나 4번째 문제 정도에서 출제한다. 그러면 많은 사람들이 고민하며 동료들의 움직임에 주목한다. 이때 정답에 확신이 있는 사람은 동요하지 않고 한 곳에 자리하고 있다. 반면에 질문에 대해 자신이 없는 사람의 80%는 사람들이 눈치를 보다 많은 사람들이 모여 있는 곳으로 움직인다. 물론 이 와중에서도 눈치의 달인이나 역발상 마인드, 모험을 즐기는 일부 사람이 지식이 없음에도 불구하고, "감"으로 20% 쪽으로 옮겨서 덩달아 살아남는 과실을 챙긴다. 세상사 모든 시스템은 거의 동일하게 움직인다. 만일 투자세계의 절대적 진리 하나를 꼽으라고 한다면 필자는 주저 없이 말하겠다. "남들이 가는 반대편으로 움직여라. 그리고 참고 기다려라."

2. 가격으로 판단하지 말고 가치로 판단하라

투자는 단순하다. 가격에 비해 가치가 낮은 것을 매입하고, 가치에 비해 가격이 높아졌을 경우 매도하면 된다. 가치에 비해 가격이 높은 것을 구입한 경우에도 운이 따라줘 성공하는 수도 있다. 불안에 잠 못 이루는 밤을 안 만들면서도 투자에 성공할 수 있는 방법은 가치 투자이다. 미래가치에 비해 현재 가격이 낮을 때 구입해서 본연의 가치로 평가될 때까지 기다리는 방법이다. 혹자는 이즈음에서 이런 문제를 제기한다. '누가 모르냐고? 문제는 어떤 것이 가치가 있는지 어떻게 아느냐고?' 우문현답이다. 공부하면 된다. 덧붙여 조금의 경험만 쌓이면 충분히 알 수 있다. 칼날 같은 투자타이

밍은 공부한다고 되는 것이 아니지만 어떤 것이 가격 대비 가치가 있는지 만큼은 알 수 있다.

아파트를 일례로 든다면 현재까지는 개발호재에 재건축 등의 이슈가 있는 아파트를 고르는 방식의 투자가 각광받았고 투자수익도 좋았다. 이른바 치고 빠지기식의 타이밍 투자이다. 하지만 앞으로는 효용으로 접근해야 한다. 어떤 아파트가 주거 효용에 적합한 상품인가로 접근해야 한다. 최근 아파트 시장의 변화는 이런 투자패러다임의 변화와 관련 있다. 오래된 아파트와 새 아파트의 어느 쪽이 효용이 높겠는가? 주택을 바라보는 시선의 재정립이 필요하다. 그러한 시선의 변화는 투자 패러다임의 변화를 가져오고 궁극적으로 가치의 변화와 가격의 변동으로 연결된다. 몇 년 전에 필자가 기고했던 칼럼을 소개한다. 어떤 시선으로 주거를 바라보느냐는 여러분의 몫이다.

> 몇 년 전 잊고 지내던 대학후배로부터 연락이 왔다. 의례적 인사가 오간 뒤 예상대로 부동산 문제에 대한 질문을 해왔다. 요지는 현재 살고 있는 아파트가 최근 주변의 개발이슈로 인해 가격이 많이 올랐는데, 지금 매도하는 것이 좋을지 아니면 조금 더 가지고 있어야 할지를 묻는 내용이다. 이러한 유형의 질문이야 항시 듣는 것이기에 필자 나름대로의 생각을 얘기하고 전화를 끊었다. 문제는 그날따라 갑자기 '주택이란 과연 무엇인가?'라는 새삼스러운 철학적 논제가 문득 떠올랐다. 이날 질문을 한 후배도 마찬가지지만 대부분 실수요자라고 자처하면서도 매도, 매수의 기준을 앞으로 가격이 더 오를지, 아니면 지금이 정점인지가 주요 판단의 근거라는 점이 부인할 수 없는 아이러니다. 본인이 현재의 집 주변 환경이 좋아 선택한 집인데도 불구하고 매도의사가 생긴 시점이 거주 환경 불만이나 생활환경 변화가 아닌 '집값이 올랐을 때 팔아서 수익을 현실화시켜야 하지 않겠는가?'라는 전형적인 투자재로서의 판단 근거가 선택의 궁극적 기준점이 되고 있는 것이다. 사실 최근에 그 지역의 아파트 가격이

오른 것은 그의 표현대로 개발 호재 때문이다. 특히 단순한 호재가 아닌 주거환경이 개선되는 공원이 들어서고, 교통 환경도 좋아지는 등 겹호재로 인해 가격이 계속해서 상승추세에 있는 상황이었다. 그렇다면 뭔가 모순이지 않는가? 만일 진정한 실수요자라면 주변 환경이 더 좋아지는데, 단지 가격이 많이 올랐다는 이유로 매도시점 고민을 하고 있는 사고방식이라면 뭔가 좀 이상하다. 부동산이 주식처럼 순간적으로 팔고 다시 살 수 있는 경우라면 또 모르지만, 말 그대로 주택을 매각하고 나면 이사를 비롯한 여러 번잡한 문제가 발생하고, 생활환경 자체가 완전히 바뀌게 된다. 물론 그 주변의 아파트로 이전한다면 이러한 문제는 극소화되겠지만, 주변 지역의 개발호재로 인한 가격 상승의 경우 그 지역 전체가 전반적인 가격 상승을 보이고 있음을 감안한다면 사실상 생활의 변화를 가져오는 지역이전을 염두에 둔 매각이 된다. 이처럼 집을 판다는 것은 단순한 물건을 사고파는 것과는 근원적으로 다름은 물론 주식, 채권, 금 등 다른 투자재를 사고파는 것과도 역시 많은 차이가 있다. 주택은 생활 필수적 요소이자 투자재로서의 성격도 함께 지니고 있기 때문이다. 더불어 거래비용이 상대적으로 높은 점 등을 고려한다면, 일시적인 가격에 연연한 매도 · 매수가 쉽지만은 않은 선택이 된다. 물론, 과거처럼 자고 일어나면 가격이 바뀌는 그런 상황이라면 또 모르지만 말이다. 우리가 투자와 투기를 구별하는 것이 실제로는 쉽지 않듯이 실수요자와 가수요자 역시 이런 관점에서 바라본다면 결코 구별이 쉽지 않다. 본인이 또 다른 지역으로 옮기거나, 새 집을 원하거나, 보다 넓은 평수로 가기 위한 선택이 아니라, 주변 환경은 마음에 들지만, 더 이상 가격이 오르지는 못할 것 같아 매각하고, 또 다른 지역의 비슷한 평형과 연식의 아파트로 이주한다면 과연 실수요자의 정당한 재테크로 봐야 할 것인지, 아니면 결국 투기행위의 일종을 단지, 투자 및 실수요라는 명목으로 미화하는지 새삼 구분이 쉽지 않은 것이다. 이런 구분은 결국 주택정책과도 연결된다. 대표적으로 현재의 조세정책상 1가구 1주택은 2년 이상 보유하면 비과세 된다.(일부 지역에서는 거주요건도 충족 요함) 사실 이러한 비과세 혜택을 주는 이유는 실 거주 목적의 주택 구입자에 대해서는 추후의 가격 상승분에 대해서 과세를 하지 않음으로써 투기목적의 주택 구입자와 구별을 짓는 잣대로서의 측면도 존재하고 있다. 하지만 이처럼 사실상은 법에서 허용하는 요건을 충족하고 난 뒤 충분한 가격상승이 발생하면 다른 모든 이유와는 무관하게 매도를 결정한다고 한다면 실질적인 실수요자라고 보기는 힘들 것이다. 기실, 실수요 목적보다는 투자재로서의 목적이 더 큰 문제점이 발생하게 된다. 이처럼 특정 행위를 어떤 관점으로 보느냐에 따라서 이에 대한 정책도 변하게 된다. 현재의 우리나라의 주택정책을 개괄적 측면에서 바라본다면 시장기능을 원칙으로 주택이 지닌 공공성, 공급의 비탄력성, 외부효과 등을 고려 정부개입의 필요성이 있을 땐 보완적 수단으로 각종 지원책이나 규제책을 통해 개입한다고 볼 수 있다. 하지만 이러한 1가구 1주택 양도세 감면 같은 조세감면 지원책에서도 알 수 있듯 일상적으로 일어나는 주택 거래 행위를 어떤 관점으로 바라보느냐에 따라서 그 정책의 구사도 다르게 된다. 사실 1가구 1주택 양도세 비과세 문제는 실거래가 신고제 및 과세시스템의 정착에도 상당한 영향을 끼치고 있는 점을 감안한다면 이런 측면은 더욱 도드라지게 된다. 즉, 토지의 경우 예전엔 거래 행위 자체가 가장 비밀스럽고, 불분명하며 탈세 행위가 많았지만 실거래가 과세 도입 이후 과거 합의에 의한 다운 계약서나 업 계약서조차도 추후에 새로운 문제로 돌출되는 것이 다반사이다. 실제 양 당사자의 이해관계가 대립할 수밖에 없는 구조이기 때문이다. 하지만 주택의 경우 1가구 1주택의 경우 비과세라는 무기가 주어져 있어 양 당사자의 이해관계가 일치할 여지가 있는 관계로 실거래가 신고의 맹점으로 작용할 가능성이 상존하고 있다. 또 이와는 별개로 현재 규제책의 일환으로 공공성을 강조해 분양가규제를 실시하고 있지만 이 역시 많은 문제를 내포하고 있다. 주택의 질적 저하와 공급위축을 비롯해 신규분양시장의 과열을 통한 초과수요 발생 등의 문제를 일으킬 가능성이 높다. 우선은 주택시장의 과열을 막을 수 있고, 경기가 침체기에 있는 경우 별다른 문제가 발생하지 않지만, 만일 경기활황이나 국지적 주택시장 과열이 발생하면 사실상 또 다른 부동산 문제를 야기할 수밖에 없는 정책인 것이다.

이처럼 주택을 바라보는 관점에 따라서 주택거래를 바라보는 시선이 달라지고 이러한 시선의 차이에 의해서 주택정책의 입안이 바뀌게 된다.

따라서 이 시점에서 부동산 버블이냐, 아니냐 하는 논쟁도 좋지만 기실 주택이 우리에게 의미하는 바가 무엇이며 그러한 주택에 대한 사고방식의 체계를 어떤 지점에서 놓고 바라보아야만 할 것인지를 우선 정립해야 할 필요성이 있다. 주택은 인간다운 삶을 누리기 위한 기본적인 터전이지만, 좋든 싫든 대부분의 개인의 최대 자산이자, 성공적 재테크를 가름하는 척도가 된다는 점도 외면하기는 힘들다. 이상은 이상으로만 그치기 쉽고, 현실론에 부응한 정책은 정책이 아니라 단순한 대응방안에 불과한 딜레마다. 우리는 과연 어떤 선택을 취해야 옳은 것인지 재차 고민해봐야 될 시점이다.

3. 하락하는 시기에 무릎에서 매수하고, 상승하는 시기에 어깨에서 매도하라

'무릎에서 사서 어깨에서 팔라'는 얘기를 지겹도록 들었을 것이다. 하지만 조금 덧붙이고 싶은 수식어가 있다. 보통은 바닥다지기를 확인하고 나서 확실히 상승추세로 돌입하는 것을 확인한 후 매수에 나설 것을 강조할 때 사용하는 투자 격언이다. 문제는 그곳이 무릎인지, 어깨인지 알기가 어렵다는 점이다. 그래서 덧붙이고 싶다. 상당폭 하락해서 최소한 무릎 정도까지 왔다는 느낌이 들면 매입에 나서라는 것이다. 어느 정도 내려가면 더 내려가더라도 큰 폭의 하락은 없을 것이라는 점은 파악이 가능하다. 만일 바닥 밑 지하를 파고 내려가는 것이 걱정된다면 투자는 안 하는 것이 좋다. 그냥 정기예금에 만족하고 살아야 한다. 살다 보면 그런 일도 있다. 하지만 어차피 투자는 확률게임이다. 그렇게 되는 확률보다는 그렇지 않을 확률이 훨씬 높을 경우 과감히 베팅을 할 수 있어야 한다. 앞에서 긍정적 사고방식과 적극적 실천력을 강조한 이유이기도 하다. 어느 정도 저점이라는 생각이 든다면 과감히 구입해야 한다. 그렇지 않고 바닥다지기를 확인하고 구입하려면 웬만한 마음수양이 되지 않고는 기회를 놓치기 십상이다. 연인관계에서 회자되는 말이 있다. '차라리 과거를 모르는 게 더 나았을걸.' 너무 정확한 '히스토리'를 알게 되면 오히려 결심에 장애가 된다. 투자에 있어서 저점을 확인하고 구입하려고 하면, 최근 제일 저렴했을 때 가격이 기억에 남게 된다. '그때 결심했으면 훨씬 더 싸게 구입할 수 있었을 텐데' 하는 심리적 매몰비용에 대한 잔상 때문에 올바른 판단이 안 되는 경우가 많다. 이는 팔 때도 마찬가지다. 한참 올라갔을 때를 기억하면서 어깨 가격만큼 내려왔을 때 매도하기는 쉽지 않다. 그 가격으로 다시 올라가면 팔겠다는 생각이 팔 수 있는 기회를 놓치게 만든다. 더 큰 문제는 주식이든 부동산이든 살 기회는 자주 오지만 팔 기회는 자주 주지 않는다는 점이다. 특히 환금성이 떨어지는 부동산의 경우에는 거래는 끊기고 이른바 호가만 있는 경우도 비일비재하다. 한참 올라갈 때 미련을 버리고 수익을 현실화해야 한다. 다른 이에게도 운이 좋으면 어깨에서 정수리까지 수익을 올릴 수 있는 기회를 줄 수 있는 이타심(?)을 가져야 나에게도 행운이 온다.

4. 인간은 합리적이면서도 비합리적이다

기본적으로 투자시장은 탐욕의 심리로 움직임을 기억해야 한다. 또한 순식간에 공포로 점철되는 급변하는 시장이기도 하다. 모든 선택은 사람이 하는 것이고, 그 선택을 하는 인간은 결코 경제학에서 상정하는 합리적 인간이 아니다. 투자를 결정하는 것은 인간의 마음이고 인간의 마음은 갈대와도 같다. 바람이 부는 방향에 따라 다수의 심리가 움직이고 이에 따라 시장도 요동친다. 이 심리가 비이성적으로 쏠리는 경우가 많아 때로는 광기에 휩싸여 가격은 급등하고, 어느 순간 급제동이 걸리면 다시 공포에 휩싸여 가격이 급락하기도 한다. 이런 이유로 어떤 시대에도 끊임없이 버블과 버블붕괴의 논제는 화두가 된다. 하지만 바닥도 버블도 지나봐야 알 수 있다는 점이 문제다. 탐욕에 물든 시점에서는 비상식적으로 오르다가도 공포에 물들면 급격하게 내려가기도 한다. 문제는 시장의 흐름이 바뀌면 움직일 기회가 급격히 좁아진다는 점이다. 따라서 투자심리가 상식선을 넘어서서 과열되고 있다고 판단되면 매도하고, 투자심리가 급격히 냉각하여 공포단계에 접어들었다고 생각되면 매수에 나서라는 점이다. 결국 이 책에서 언급한 모든 투자지침이나 이제껏 회자된 투자격언은 일맥상통한다. 누구도 확인할 수 없는 바닥이나 버블 여부를 판단하느라 실기하지 말고, 남보다 반 보 앞서서 적극적으로 움직여라. 남들이 방향을 바꾸기 전에 먼저 바꾸면 많은 과실을 챙길 수 있다. 먼저 방향을 바꾸기 위해서는 관성의 법칙을 이겨내기 위한 용기가 필요하다, 이는 평소 관심 있는 투자분야에 대한 공부와 정보수집 및 이제껏 강조하고, 또 강조한 투자에 대한 마음가짐을 바꾸는 훈련이 하나로 합쳐질 때 가능할 것이다.

5. 인간 심리를 역으로 활용하자

해마다 김장철이면 뉴스에서 반복적으로 듣는 얘기가 있다. 올해는 배추 값이 금값, 또는 배추 값이 폭락해서 농민들이 밭을 갈아엎고 있다는 얘기다. 왜 이런 뉴스가 반복되는 걸까?

이에 대한 학문적 분석은 노벨경제학상을 수상한 '거미집모형'으로 설명된다. 수요는 금기의 가격에 반응하는 반면에 공급은 전기의 가격에 반응하기 때문에 벌어지는 현상이다. 배추는 어제 씨를 뿌려 오늘 수확하는 상품이 아니다. 농작물은 전해 겨울의 가격을 보고 올해 봄에 뿌릴 씨앗의 종류를 결정한다. 만일 이전 겨울의 배추가격이 높았다면 올해 많은 농부들이 여타 작물에서 배추농사로 전환할 가능성이 높다. 시장경제에서는 가격이라는 '보이지 않는 손'이 작동해 시장의 수요와 공급을 자동으로 조절하기 때문이다. 수요는 탄력적인 것에 비해 공급은 비탄력적인 상황에서 발생하는 현상이다. 하지만 꼭 그런 것만은 아니다.

만일 시장에 학습효과가 작동하거나, 잘못된 정보가 제공되면 이러한 이론적 현상과는 정반대의 상황이 벌어질 수도 있다. 농민들이 앞전의 배추가격을 보고 올해 공급량을 증가시키는 것이 아니라, 이전의 학습효과로 인해 '작년에 배추가격이 비쌌으니, 올해는 다른 농민들이 배추를 많이 심을 것이고, 그렇다면 올해 배추가격은 이전처럼 또 폭락할 것이다'라는 생각을 가진다면 선혀 다른 양상이 된다. 대부분의 농부가 다른 작물을 심는다면 예상과 다르게 배추가격은 올해도 올라갈 수가 있다. 이는 마치 가위바위보 게임에서 상대의 습관과 수를 짚어 한 번 더 생각하는 바람에 결과가 안 좋아지는 것과 유사하다. 또는 시장에 알려진 잘못된 정보에 의해 역선택이 발생할 수도 있다. 최근에 이와 관련해 재미있는 사례가 있다.

아래의 사진은 2015년 5월 5일의 에버랜드 사진이다.

자료출처 : 국민일보, 에버랜드 트위터

사진을 보면 맑은 날씨이고, 시간도 가장 사람들이 많이 붐빌 시간대의 사진임을 알 수 있다. 평소 휴일에도 위 사진보다는 훨씬 더 많은 사람들이 에버랜드를 찾을 것이다. 나들이하기 좋은 봄, 가을의 평일 낮 시간대보다도 사람이 없어 보인다. 왜 이런 상황이 벌어진 걸까? 다음 사진은 2016년 5월 5일의 에버랜드 사진이다.

인산인해라는 말이 적합할 것이다. 1년 전과 도저히 같은 장소라고 믿어지지 않을 정도로 인파가 몰려 있다. 투자시장도 이와 다르지 않다. 많은 사람들이 끝없이 돈다발을 들고 몰려오는 시기에는 버블이 형성되고, 그러한 분위기는 영원히 지속될 것 같지만, 얼마 지나지 않아 언제 그랬냐는 듯 차갑게 식는다. 이때는 '백약이 무효'라는 말처럼 투자심리가 꿈적도 하지 않는다. 오죽했으면 만유인력의 법칙을 발견한 과학자이자 영연방은 행장을 지낸 아이작 뉴튼도 버블의 피해자가 되었을까? 역사적으로 버블의 대명사 중 하나로 불리는 1720년도 남해회사(South Sea) 주식에 투자한 후 과학자 아이작 뉴턴은 7,000파운드를 벌었지만, 이후의 폭락으로 20,000파운드의 손해를 봤다. 뉴튼은 이 사건 이후 "난 천체의 움직임은 계산할 수 있었지만, 인간의 광기는 계산할 수 없었다" 는 말을 남겼다. 현대 경제학의 거두인 케인즈 역시 인간심리의 중요성을 응축해 표현했다. '투자는 평균인의 평균적 생각을 읽어야 한다.'

아무리 컴퓨터의 연산능력이 발달하고, 무형적, 질적 측면을 유형적, 양적 측면으로 계량화시킨다고 하더라도, 인간심리는 계측할 수 없는 영역이며, 때로는 모든 객관적 상황을 무색하게 만들 정도로 강력한 위력을 발휘하고, 시장을 좌지우지한다. 이러한 심리적 측면에 중점을 둔 이론이 이른바 행동경제학이다. 전통적 경제학이 인간을 합리적 존재로 보고, 수치화시켜 경제를 해석함에 비해 행동경제학은 인간의 인지와 그에 따른 행동에 따라 변화되는 경제의 흐름을 강조했다. 특히 투자와 관련해서 행동경제학은 매우 중요한 의미를 지닌다.

전통적 경제학과 행동경제학의 비교

	주류경제학	행동경제학
인간상	완전하고 합리적 인간	현실적 인간 (불완전하고 때론 비합리적)
이론적 구성	규범이론 (전제, 가정)	행동이론 (실제 인간의 행동을 설명)
효력	장기간에 적합	단기간에 적합
투자	금융공학에 입각 (평균 – 분산 모델)	루머, 정치적 요인, 투자자의 심리적 요인 등을 감안해 종합적으로 대응
거품에 대한 해석	이론적으로는 가격의 자율 조정기능으로 인해 거품이 발생할 수가 없어 이상으로 치부	비합리적인 군중심리에 의해 설명이 가능 주기적으로 발생하는 버블의 규명을 위해서는 비합리적 인간심리를 경제학과 접목시키지 않고는 탁상공론에 불과함

행동경제학을 대표하는 전망이론에 의하면 인간이 측정하는 가치 측정방식은 준거점에 따라 느끼는 가치가 달라지고 변화한다고 한다. 이러한 투자성향효과는 아래와 같은 특징을 지닌다.

1. 이익과 손실이 같은 수준일 때는 이익보다 손실에 민감하다.
2. 이익이 나는 국면에서는 리스크 회피적이 되고 손실이 나는 국면에서는 리스크 추구적이 된다.

3. 자신이 느끼는 효용은 절대값과 일치하지 않는다.(한계효용체감의 법칙 + 준거점의 이동에 따른 심리적 상쇄효과)
4. 객관적 확률에 의사결정자의 주관적 가중치가 개입된다. (낮은 확률은 과대평가되고, 높은 확률은 과소평가된다.)

전망이론에서의 가치함수곡선

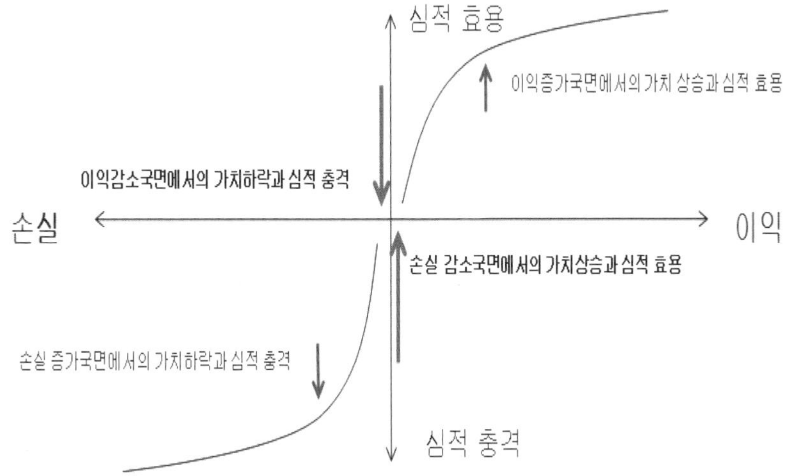

자료출처 : 마카베 아키오 저, 김정환 옮김, 『투자자를 위한 경제학은 따로 있다』(2011, 부키), p.94 수정 인용

제4절

자산관리란 무엇인가?

가끔 이런 질문을 받는다. 자산관리를 하고 싶어도 관리할 자산이 없으면 어떡합니까? 아마 힘든 사회현실과 상대적 빈곤감에서 하는 질문일 것이다. 결론부터 말하자면 자산이 없는 사람은 없다. 대부분의 사람이 자신은 관리할 자산이 없다고 생각하는 이유는 고정관념 때문이다. 아마 금융업이나 보험업계에서 유·무형적 틀을 만들어놓고 자산관리에 대해 시스템적으로 접근하는 탓에 그런 것 같다.

자산관리는 유치원, 늦어도 초등학교 즈음부터 시작해야 한다. 교육학 전문가는 아니지만 현재 한국 사회의 가장 큰 문제점은 단순한 입시제도의 잦은 개편이 아니라 전반적인 교육제도 자체의 모순이라고 본다. 창의교육이 중요하다고 하면서도 별로 창의적이지 않다. 시대가 변하면 교육체계도 이에 맞추어 변화해야 하는데, 그런 것 같지도 않다. 여전히 영어, 수학이 가장 중요하다. 아니 압도적으로 중요하다. 수학을 배움으로써 생성되는 기초능력은 아주 많다. 그러나 경제 강의를 하다 보면 기본적인 그래프조차 이해 못하거나, 논리적 사고가 전혀 안 되어 있는 학생들이 너무 많다. 수학 교육이 잘못되어 있다는 반증이다. 영어 교육은 더 심각하다. 어린이집에서부터 대학 4년 동안 가장 많이 하는 공부가 영어 공부일 것이다. 모두 그런 것은 아니지만 대학에서도 전공 공부보다도 영어 공부에 더 매달리는 취업준비생들이 허다하다. 옳고 그름을 떠나서 남의 나라 언어를 공부할 시간을 확보하기 위해 전공 공부를 제대로 못하고 있다는 점은 많은 것을 시사한다. 이런 현실에서 영어가 모국어인 나라를 어떻게 따라잡겠는가? 이러니 공부시간이 압도적으로 많아도 효율성이 떨어질 수밖에 없다. 글로벌 사회에서 영어를 못하면 아무것도 할 수 없다는 식의 협박(?)이나 심지어는 영어를 제2모국어로 사용하자는 혁신적(?) 사고방식을 가진 분들의 반론도 있을 것이다. 하지만 한 번 생각해보자. '과연 국민 모두가 영어를 그렇게 잘해야 나라가 발전할까?' 대부분의 국민은 생활영어 정도만 해도 문제가 없다. 이 정도 수준의 영어는 오히려 영어 공부에 대한 중압감만 털어내면 대부분의 국민이 모두 배울 정도의 수준이다. 우리나라 국민의 역량이 그 정도는 된다. 그럼에도 현실은 그렇지 않다. 그렇게 공부하고도 간단한 생활영어도 안 되는 것은 말 그대로 '공포감'에 질려서일 것이다. 동시통역기 동시번역기가 나오고, 대중화되고 있다. 예전과 달리 전공서적의 번역 수준도 매우 높아진 현실에서 영어 공부에 대한 필요성을 강조하는 방식만큼은 예전과 똑같다. 시대가 바뀌면 뭐하는가? 달라질 생각이 없는데...

영어도 잘하고 전공 실력도 뛰어나고, 융 · 복합 시대에 걸맞게 폭넓은 사고력도 가지면 금상첨화다. 하지만 능력과 시간에 한계가 있다면 같은 시간을 최대한 효율적으로 투자해야 할 것이다. 답은 이미 나와 있다. 미래세대에 부합하는 우선순위를 따진다면, 폭넓은 지식이 바탕이 된 통찰력, 깊이 있는 전공지식, 영어 이렇게 줄을 세워야 한다. 하지만 현실은 영어, 전공, 폭넓은 지식과 사고 순이다. 다방면에 지식과 경험을 쌓아 창조적 사고능력을 가진 인재가 필요하다고 모두들 말한다. 하지만 현실은 어떤가? 남의나라 언어를 잘하면 우수한 인재로 둔갑한다. 오해는 말자, 영어가 필요 없다는 얘기가 아니다. 하지만 직종과 처해 있는 상황에 따라서 영어가 필요한 수준은 많이 다름에도 모든 학생이나 직장인에게 가장 중요한 덕목으로 자리하고 있음은 분명 문제가 있다는 말이다.

경제교육은 어떤가? 글로벌 무한경쟁시대는 강조하면서도, 이에 대처해 나갈 경제교육은 공교육에서는 전무하다고 해도 과언이 아니다. 좀 직설적으로 표현하면 대학에서 경제공부를 전공하기 전에는 필요한 사람이 찾아서 공부해야 하는 구조다. 공산주의 체제처럼 소유개념을 혁파하기 위해 일부러 경제 교육을 안 시키는 것도 아니고... 이해할 수가 없는 현실이다. 법 교육은 또 어떤가? 법 지식도 필요하면 알아서 습득해야 하는 구조다. 물리학이나 기계공학, 의학처럼 전문가만 공부해야 하는 것이 아니라 사회 구성원 모두에게 필요한 것이 기본적인 법적 소양과 경제적 마인드이다. 즉, 모든 국민들이 일정 수준까지는 배울 필요가 있는 필수학문이다. 그런데, 이런 것을 공적 교육체계에서는 제대로 가르치지도 않으면서 준법정신을 강조하고, 경제를 살려야 한다고 부르짖는다. 과연 국민들이 법과 경제를 잘 알기를 원하는지 의심스럽다. 혹시 특정계층만 그 지식을 활용하고 싶은 마음이 있는 것은 아닌가 싶기도 하다.

자산관리도 마찬가지다. 시대가 바뀌면 이에 맞추어 자산관리 방식과 이를 대하는 사고도 변화해야 한다. 그런데, 여전하다. 이 분야도 재무설계라는 미명하에 지식을 쌓고 있는 사람들만이 그들만의 논리로 일반 국민들을 무장해제 시키고 있다. 무엇이든 모르면 대단해 보인다. 막상 알면 별것 아닌데도 말이다. 최근 재테크와 노후설계라는 미명하에 오히려 단편적인 측면에서 미래에 대한 불안감을 상술에 이용하는 경우도 다분하다. 은퇴 후 얼마의 돈이 필요하고 이를 위해 미리 연금준비를 해야 하며, 가족을 위한 보장자산은 얼마가 필요할 것인가? 하는 단순한 명제가 재무설계나 자산관리의 전부는 아니다. 진부한 경구지만 진리는 단순하다. 나무가 아닌 숲을 봐야 한다.

진정한 자산관리는 유·무형적 자산에 대해 통합적 사고로 접근해야 한다. 미리 노후준비를 해야 하는 것은 맞다. 갈수록 수명이 길어지는 사회에서 준비되지 않은 노후는 재양일 수도 있다. 대부분의 사람들이 부지불식간에 인지하고 있는 노후에 대한 공포 때문에 노후준비라는 말만 나와도 가슴이 먹먹하고, 이에 대한 준비를 위해서는 얼마의 돈이 필요하다는 현실이 막막하기만 하다.

점점 첫 번째 직장에 다니는 기간은 짧아지고 결혼과 출산은 늦어지는 추세이다. 자녀가 성장하기까지 양육비를 감당할 수 있을지도 막막한 현실에서 노후준비까지 해야 하니 인생이 팍팍하다. 이를 타개하기 위한 방법조차 모두 비슷하다. 막대한 양육비를 줄이고, 맞벌이에 나서야지만 남만큼(?) 생활할 수 있는 사회적 구조에서 자녀는 노후대책이 아니라 노후설계의 짐으로 치부된다. 어쩌면 저출산 고령화라는 사회적 문제는 그 덤에 불과할 것이다.

정부는 할 일이 많다. 하지만 우선순위를 따지고 국가의 영속적 발전을 생각한다면 저출산 대책이 최우선 되어야 한다. 막대한 양육비의 상당부분은 사교육에서 비롯된다. 가히 '학원 천국'이다. 덕분에 학생들은 '지옥'이다. 사교육은 시키지 않는다는 철학을 가진 부모조차도 현실에 굴복하지 않을 수 없도록 만들어놓았다. 공교육의 부실도 문제겠지만 '나만 안 시킬 수 없는 사회적 관성'이 더 큰 문제이다. 여기에는 후일 자녀에게 할 만큼 했다는 부모로서의 의무감도 한몫한다. 사교육 문제를 이 책에서 본격적으로 논의할 수는 없겠지만... 안타깝다... 사회가 발전함에 따라 투자를 대하는 자세도 조금씩 변화가 있듯 사교육에서도 변화가 나타나기를 기대해본다.

본질적 문제는 재무설계로 포장된 자산관리다. 문제의 핵심은 노후준비를 위해 사회적, 개인적 희생이 너무 크다는 점이다. 그렇게 두려움에 떨면서 노후걱정을 안 해도 된다. 노후를 준비하기 위해 연금이 필요하고, 그러기 위해서는 월급이나 수입의 얼마를 납입해야 한다는 관성만 벗어나도 된다. 가장 좋은 방법은 퇴직 없는 직장을 갖는 것이다. 그러한 직장이 어디 있겠는가? 생각만 바꾸면 분명히 있다. 그러한 대안을 모색하기 위해 얘기하고 있는 것이다. 부동산과 관련된 직업도 은퇴 후 적합한 최적의 직종이다. 자산을 증식하고 관리하는 방법도 연금이라는 고정관념을 벗어날 필요가 있다. 포트폴리오 차원에서 연금이 필요하지만, 이는 국민연금으로도 충분하다. 여기에 덧붙여 주택연금도 그 기능을 담당할 수 있다. 더 중요한 것은 은퇴시점에 자산축적이 충분히 이루어져야 한다는 점이다. 이런 측면에서 가장 중요한 자산관리 방법은 적립식 장기 투자이다. 리스크 관리 차원에서 포트폴리오에 의한 분산투자는 기본이다. 연금에만 지나치게 의존하는 방식은 일면 안전해 보이지만, 실은 가장 위험한 방식이다. 이미 국민연금이나 공무원, 군인, 사학연금 등이 한자리를 차지하고 있는데, 저축금액의 상당부분을 또다시 연금으로 준비한다는 것은 자산관리 측면에선 비효율적이다. 특히나 국민연금은 물가에 연동되는 구조지만 일반 보험회사에서 취급하는 연금보험이나 저축보험은 장기상품임에도 인플레이션을 방어할 수 있는 기능이 없다. 장기상품에서 인플레이션에 대비할 수 없다는 것은 최고의 위험에 노출되는 것이다. 특히 우리나라는 화폐개혁의 실시 가능성을 고려할 때, 더욱 그러하다. 혹자는 일본의 예를 들면서 부동산, 주식 모두 위험하고, 특히 인플레이션보다는 디플레이션이 올 가능성이 높기 때문에 연금이 최선의 대책이라고 한다. 물론 그럴 가능성도 있다. 하지만 희박하다. 그 이유는 다음 장인 경제의 흐름과 부동산시장에서 살펴보겠다.

ECONOMICS

제2편 부동산 투자 실무

제5절

일본은 있지만 우리는 없다

최근 강연이나 사적 모임에서 자주 듣는 질문 중의 하나가 앞으로 부동산 시장이 일본처럼 장기 침체로 가지 않겠는가? 현재 중소형 아파트가 강세를 보이고 있는데, 이 추세가 이어질 것인가? 앞으로는 어떤 부동산 상품이 유망하겠는가? 등이다.

이러한 질문을 받았을 때, 사석에서는 비교적 명확한 의견을 밝히지만 강연에서는 조금은 두루뭉수리하게 넘어가기도 한다. 짧은 시간에 결론 위주의 답변이 또 다른 오해를 낳을 수도 있고, 워낙 부동산 시장이 예측불허의 변수에 의해 전망이 전망으로 그치는 경우도 많기 때문이다. 하지만 전문가(?)로서의 기본책무가 옳든 그르든 자기 견해를 밝히는 것이기에 이러한 질문에 대해 생각을 정리해보기로 했다. 중소형 아파트의 강세 지속여부와 앞으로 유망한 부동산 상품에 대해서는 해당 부분에서 차차 얘기하기로 하고, 지겹도록 듣는 일본 얘기부터 언급해보고자 한다.

먼저, 일본의 전철을 밟지 않겠는가? 하는 질문에 대해서 결론부터 말하자면 가능성이 매우 적다고 얘기하고 싶다.

가장 먼저 말하고 싶은 것은 장기침체로 빠지기 시작할 당시의 일본은 반면교사로 참고하거나 미리 대비할 수 있는 비교사례가 전혀 없었다. 당시 일본은 선문가와 국민 모두가 대부분 장밋빛 전망에만 젖어 있었다. 하지만 우리나라는 상당수 전문가와 일반인들이 일본처럼 되지 않을까? 걱정하고 전전긍긍하며 관심을 가지고 있고, 대비를 하고 있는 상황이다. 즉, 당시 일본 국민들이 일본 경제 및 부동산에 가지고 있던 인식과 현재 우리나라 국민들이 대한민국 경제 및 부동산에 가지고 있는 인식은 전혀 다르다. 낙관론자도 많지만 비관론자도 그만큼 많아 사회적 의견이 매우 다양하게 전개되고 있다. 거품이나 붕괴는 의견이 어느 한쪽으로 쏠렸을 때, 그 위력이 배가되거나 심화된다. 다행히 우리나라는 부동산 맹신론자 만큼이나 최근엔 부동산 필패론자들도 많다. 오히려 사회적으로는 매우 건강한 상황이라고 본다. 위기는 소리 없이 찾아올 때 위험한 것이다. 고맙게도 우리는 우리의 상황과 비슷한 길을 먼저 걸어갔던 일본을 지척에 두고 있어, 미리미리 조금씩 대비해왔다. 특히 일본은 경기에 민감한 상업용 부동산에 대한 거품이 심했고, 금융권의 대출 시스템 자체가 통제되고 있지 않았다. 반면에 우리나라는 상대적으로 경기에 덜 민감한 주택시장 위주로 일부 지역에 한해 과열 현상이 발생했다. 또한 LTV나 DTI 등의 적절한 부채 통제 방안을 적시에 마련한 덕분으로 거품의 추가 확산 및 금융권의 부실로 이어질 개연성에 대해 미리 미리 대비했다. 물론 현 정부에서 여러 가지 부양책이 나오며 가계부채가 1,300조 원을 넘어섰고, 정국상황도 혼란스러워 금리인상과 대출규제가 본격화되면 우리도 낙관할 수 없다는 의견도 많다. 저자 개인적으로도 현 정부의 부동산 부양책은 득보다 실이 많다고 본다. 하지만 똑같은 부양책이라도 일본과는 차이가 있다. 일본은 집이 남아도는 상태임에도 불구하고, 주택에 대한 초과공급이 지속되고 있다. 내수경기진작이라는 유혹을 뿌리치지 못하고, 노루나 다람쥐만 지나다니는 고속도로, 낚시터로 사용되는 댐 건설 등 전근대적인 토건국가적 사고로 재정적자만 가중시켜왔다. 반면에 우리나라는 택지개발을 억제하고, 재개발, 재건축에 대한 사업승인을 단계별로 조절하는 등으로 공급 측면에서 미세조정에 나서고 있어 차이가 있다.

둘째, 우리나라는 일본의 1980년대처럼 총성 없는 세계 금융전쟁 내지는 기축통화쟁탈전에 참여하지 않고 있고, 참여를 할 수도 없는 상황이다. 당시 일본 경제의 초강세와 더불어 일본국민과 정부는 동경이 세계적 금융 허브로 자리매김하고, 궁극적으로 엔화가 달러와 같은 기축통화가 될 수 있을 것이라는 착각에 빠져 있었다. 이는 거품이 극대화될 수 있는 최적의 사회적 조건으로 작용했다. 더불어 신자유주의의 득세시기와 맞물리며, 금융에 대한 방조적인 자율화가 진행되었고, 아무도 가보지 않은 길에 대한 시행착오를 고스란히 겪을 수밖에 없었다.

셋째, 부동산 제도적으로 확연히 다른 것은 바로 우리나라의 전세제도이다. 전세는 세계적으로 유례가 없는 독특한 제도로 부동산 상승기엔 레버리지를 강화시켜 거품을 키우는 주범의 역할을 한다. 반대급부로 부동산 하락기에는 급격한 붕괴를 막아주는 안전망 역할도 한다. 즉, 집값의 하락폭이 커지게 되면 손해를 보고 매도하기보다는 전세로 전환하고 금융 부담을 줄이며, 상승기를 기다리는 방식이 지금까지의 많은 사람들의 대응방법이었다. 일종의 이자 부담 없는 사금융 역할이다. 더불어 가격하락폭이 일정부분에 달해 가격메리트가 발생하면 언제든 매수 수요로 전환될 수 있는 목돈을 가진 잠재수요자들이 충분하다는 반증도 된다.

전세제도는 과거 은행권 문턱이 높고 고금리 시절 집주인과 세입자 양쪽의 이해관계가 일치할 수 있어 유지될 수 있었기에 저금리 시대가 지속되면 점점 역할은 축소될 것이다. 하지만 아직까지는 우리 부동산 시장의 향방을 좌우할 수 있을 만큼 큰 역할을 담당하고 있어 외국과 동일 선상에서 비교할 수 없는 결정적 이유로 작용한다. 최근 같은 저금리 시대가 지속된다면 전세가격은 당연히 상승할 수밖에 없다. 특히 매매가격 대비 전세가격 비율이 높다는 얘기는 폭락의 가능성은 거의 없다는 결론과도 직결된다. 역전세난 등의 상황은 아주 일부에서 발생하는 예외적 상황이다. 이는 매매시장에서도 무리하게 구입에 나선 일부에서 시장의 조정기에 급매물이 발생하는 것과 같은 이치다. 이러한 역전세난과 급매물이 발생하는 시기가 되면 마치 시장이 폭락할 것처럼 얘기하지만, 현실은 그러한 급매물이 해소되고 나면 더 이상의 저렴한 매물은 나오지 않고, 거래가 동결되는 현상을 겪는다. IMF 같은 특수상황이 아니라면, 매도자는 감내하기 힘들 정도로 가격이 하락하면 대안을 찾는다. 이 과정에서 정부의 부동산가격 하락 저지를 위한 부양책이 나오고, 신규분양시장은 위축되며 서서히 시장은 회복하게 된다. 경계할 것은 일부의 상황으로 전부에 대한 유추해석이나, 공포감 조성은 지양해야 한다는 점이다.

서울이나 주변 일부 신도시의 아파트 가격이 2007년까지 고공행진을 벌이다가 큰 폭의 조정을 받은 원인은 전세가격이 매매가격을 따라주지 못했기 때문이다. 다음의 그래프에서 보듯, 부산, 대구, 울산 등의 도시와는 달리 점선으로 표시된 서울은 매매가격이 급등하기 시작한 2001년 이후 전세가격의 상승폭이 이에 따라가지 못해 매매가격 대비 전세가격 비율이 급격하게 낮아지고 있다. 실사용가치에 비해 투기성 수요가 지나치게 많이 유입되어 교환가치만 상승했음을 알 수 있다. 이런 시기에는 일부 거품이 발생했다고 유추할 수 있고, 조만간 매매가격이 조정을 받을 가능성이 높음을 시사한다.

주요도시 매매가격 대비 전세가격 비율

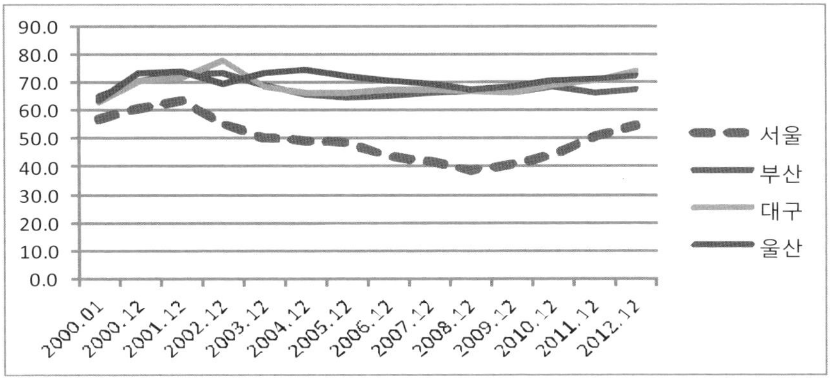

이를테면 2억 원 하는 소형아파트의 전세가격이 1억 2천만 원 수준이라고 하면 전세비율이 60% 수준이다. 이때 시장이 조정을 받아 매매가격이 1억 6천만 원에서 7천만 원 수준으로 하락하면 전세비율은 70%를 초과하게 되고, 전세 세입자는 쉽게 매수자로 전환할 수 있다. 그런데 서울의 경우처럼 40% 이하까지 내려가면 설령 가격이 조정을 받더라도 매수수요로의 전환은 쉽지 않다. 특히 가격수준 자체가 높은 상황에서는 필요한 절대금액이 많아 더 어려워진다.

6억원 하는 집의 전세가격이 2억 원이라고 한다면, 집값이 1억 원이 하락해서 대폭락(?)한다고 해도, 매수수요로 전환하기 위해서는 추가로 3억 원의 자금이 필요하고, 은행 대출을 활용하기에도 쉽지 않다. 결국 전세비율이 60% 이상으로 유지된다면 일정수준 이상의 가격하락이 일어날 가능성은 매우 낮다. 반면에 2008년에서 2009년의 서울처럼 가격이 높은 상황에서 전세비율이 따라가지 못한다면 시장의 하락폭은 예상외로 커질 수 있다.

가끔 아파트 가격의 적정성에 대해 원가개념으로 접근해 폭락의 위험성이 있음을 주장하는 글들도 보게 된다. 자본주의 경제체제에서 가격은 많은 변수가 있지만 기본적으로 수요와 공급에 의해 결정된다. 만일 건설원가에 대해 기름기를 쏙 뺀 직징 토지가격과 깔끔한 평당 건축비 및 공명정대한(?) 기타 부대비용을 생각했을 때, 현재의 가격은 유지될 수 없다고 생각했다면 이는 세상을 너무 단순하게 본 탓이다. 만일 이러한 사고체계에 대해 절대적 가치관을 지니고 있다면, 필자는 더 이상 별다른 할 말이 없다. 자본주의의 작동시스템에 대해 너무 순진한(?) 사고방식을 지니고 계신 분과 논쟁을 벌이는 것 자체가 무의미하지 않겠는가? 사람은 항상 꿈과 이상을 가지고 개인적으로 더 좋은 미래와 나은 사회를 위해 애써야 함은 당연하다. 하지만 그러한 이상은 최소한의 현실에는 토대를 두고 이루어져야 한다. 그렇지 않다면 몽상가에 불과하거나, 올바른 결과를 위해 극단적 과정도 정당시하게 되는 혁명가가 될 수밖에 없다. 사회는 많은 사람들의 합의하에 이루어진 조직체이다. 정말 어쩔 수 없는 경우라면 모르겠지만, 가능하면 그 사회의 작동방식을 존중하고, 기술적 문제점에 대해 수정해 가는 방식이 옳을 것이다.

자본주의는 기본적으로 이윤추구를 목적으로 하는 사인들의 교환과정에 의해 작동한다. 이때 가격은 '마땅히 그러해야 한다'는 당위가 아니라, 실제 시장에서 여러 가지 복합적 원인에 의해 서로 주고받고자 하는 가격에 의해 결정되는 시스템이다. 이를테면 객관적으로는 별다른 가치가 없어도 누군가에게는 소중한 추억이 깃들어 있다면 아주 높은 금액을 지불하고 구입할 수도 있는 것이다. 만약 명품백에 대해 원가개념으로 접근한다면 도저히 정상적인 가격이라고 보기는 힘들 것이다. 또한 시장경제는 중간 유통단계나 금융, 서비스 등에서 부가가치를 발생시키기 때문에 존재할 수 있다. 만일 모든 상품이 제조단계에서 약간의 적정이윤을 붙여 소비자에게 직거래 된다면 현실적으로 자본주의는 더 이상 존재하기 힘들다. 결국, 수많은 유통단계와 금융비용, 서비스를 제공하는 다양한 업체에 대한 고려

없이 원가를 파악하게 되면 배는 산으로 가게 된다. 아이스크림 원가나 각종 공산품 원가, 농산물 산지 가격과 소비자 판매가 차이는 얼마나 될까? 주택은 공공재적 특성을 가지고 있기 때문에 달라야 하겠지만, 본질적으로 시장재화의 특성 자체를 무시해선 안 될 것이다. 반면에 일반 상품과 달리 고가의 재화이면서도 생활필수재로서의 성격도 지니고 있고, 사회적 공공재적 특성도 고려해야 하는 주택의 특징도 충분히 고려될 필요가 있다. 개인들의 비합리적 행동으로 투기가 성행할 때는 정부의 개입이 필요하다는 얘기다. 이를테면 분양가상한제, 분양권전매제한, 양도소득세 중과 등의 규제 수단이다. 그런데 이런 규제책은 시장의 근본적인 작동시스템을 해치지 않는 수준에서 행사해야 효과가 있다. 만일 공급과 수요가 어느 정도 균형을 이루는 상태에서 투기수요가 개입해 가격이 폭등하거나, 건설 회사들의 담합 수준에 의한 분양가 책정이 이루어진다면 위와 같은 정책적 수단을 활용할 필요가 있다. 하지만 어떤 시기는 위와 같은 정책을 시행하면 가격이 더 올라가는 경우도 있다. 만일 공급부족으로 인한 초과수요로 아파트 가격이 상승하고 있는데, 위와 같은 제도를 도입하게 되면 양도소득세 동결효과로 인해 공급은 더 감소할 것이며, 결국 가격은 추가 상승하는 역효과가 발생한다.

그렇다면 시장재화이면서 인간생활에 필수불가결한 의, 식, 주의 하나이자 공공재적 특성도 지니고 있는 아파트 가격을 안정화시키고, 계층에 관계없이 받아들일 수 있는 좋은 해결 방안은 없을까? 개인적인 견해로는 중급 수준의 입지에 품질이 좋은 공공임대아파트를 대폭 늘리면 이 문제는 해결될 수 있다고 본다. 실제로 현실화 가능하고, 사회적 차별 감소로 인한 사회통합효과는 물론, 심각한 저출산과 고령화 문제에도 좋은 방안이 된다. 뿐만 아니라 경제 활성화에도 매우 유익하다고 본다. 정부 재정부담이 늘겠지만 고정관념만 바꾸면 충분히 가능하다. 이는 성장과 복지 및 경제성장동력에 대한 시각차이, 재정문제가 복합적으로 얽혀 있어 본

책의 성격상 이에 대한 논거는 다음 기회로 미루고자 한다.

넷째, 일본은 난 한 번의 위기가 장기침체로 연결되었지만 우리는 이미 IMF를 겪으며 상당한 수업료를 치르고 미리 예방주사를 맞았다. 특히 이 시기는 인구구조와 경제성장단계상 부동산 가격이 큰 폭의 상승을 보일 수 있는 시기였으나, 역으로 부동산 가격 조정을 거쳤다. IMF 극복 후 일부 지역에 거품이 좀 생긴 것은 사실이지만, 이러한 역학적 구조까지 고려해서 본다면 전반적으론 경제에 심각한 영향을 줄 정도의 시장거품은 없다고 생각한다.

다섯째, 부동산 소유관념이 다르다. 혹자는 이렇게 얘기한다. 일본도 부동산에 대한 소유의식이 우리나라처럼 강해서 버블이 발생했고, 가격이 폭락하자 그토록 견고했던 부동산소유의식이 눈 녹듯이 사라지면서 버블이 붕괴되었다고 반박한다. 따라서 언제든지 부동산을 바라보는 소유의식을 비롯한 심리는 돌변할 수 있다고 주장한다. 틀린 말은 아니다. 피상적인 면만 보면 그렇게 보인다. 하지만 속 깊이 들여다보면 일본과 우리는 결정적 차이가 있다. 일본은 가격상승을 기대할 수 없어 부동산에 대한 소유관념이나 투자재로서의 인식이 약해진 것은 맞다. 하지만 보다 본질적 이유는 부동산이 갖고 있는 절대적 장점이 사라졌기 때문이다.

1980년대까지만 하더라도, 일본인들은 지진 등 자연재해 위험 속에 살면서도 지진에 대해서는 상당한 내성을 가지고 있고 본인들의 내진설계를 신뢰하고 있는 상태였다. 하지만 그 믿음은 1995년 고베 대지진으로 붕괴되었다. 믿었던 내진설계가 일정 강도 이상에서는 소용이 없음을 언론매체를 통해 생생히 들여다보게 되었다. 아무리 대비해도 단계를 넘어서는 자연재해에 대해서는 소용없음을 확인한다. 이는 2011년 지진에 의한 쓰나미와 후쿠오카 원전 방사능 누출로 재차 확인되었다.

부동산의 가장 큰 장점은 영속성과 안전성에 있다. 조금 세속적인 표현으로 하자면 '땅은 어디 안 간다. 정히 뜻대로 안 되면 자식에게 물려주면 된다'는 마음이다. 실제로도 당대에서 빛을 못 본 부동산이 오히려 자식세대에선 더 큰 과실로 돌아오는 경우가 비일비재하다. 시간이 흐르면 개발압력으로 더 큰 시세차익을 얻을 수 있거나, 인플레이션에 대한 훌륭한 파수꾼 역할을 했다.

일본과 달리 우리나라의 부동산은 과거처럼 큰 시세차익을 기대할 수 없을지는 몰라도, 적어도 부동산의 영속성에 대한 문제는 별로 의심하지 않아도 된다. 이 차이는 실제 투자측면에서는 엄청난 차이를 가져온다. 우리나라에서도 2016년 여름에 경주 부근에 지진이 여러 번 발생한 후 관광객이 급감하고 부동산 매수 문의가 뚝 끊겼다는 뉴스를 들었을 것이다. 실제로 언제 어떻게 될지 모른다는 사회적 불안감이나 자연재해 위험성이 높은 곳은 부동산 투자에 있어서는 치명적이다. 환금성의 불리함을 안전성으로 메꾸는 상품이 부동산이다. 하물며 그 안전성조차 담보할 수 없다면 누가 부동산에 투자하겠는가? 뒤집어보자. 만일 우리나라도 일부 지질학자들이 얘기하는 것처럼 동일본 대지진 이후 단층이 바뀌어 강도 높은 지진이 반복되어 일어나기 시작한다면 얘기는 달라진다. 부동산 가격은 더 이상 오르지 않고 일본과 같은 길을 걸을 가능성이 높다. 유사시에 대비해 대부분 금융자산 형태로 보유하고자 하는 욕구가 강화될 것이기 때문이다. 갑론을박이 있지만 대지진에 대한 리스크는 환태평양지진대에서 벗어나 있는 우리나라에서는 아직은 기우에 불과할 것이다. 이러한 대전제가 달라지지 않는다면 일본의 전철을 밟을 우려는 없다고 봐도 좋다.

한때 '일본은 없다'거나 '일본은 있다'라는 식의 책이나 표현이 상당히 화제가 된 적이 있다. 현재의 부동산 시장도 그러한 표현을 차용해 정리하고

싶다. '일본은 있지만 우리는 없다.'

부동산을 필두로 한 자산시장의 붕괴과정에서 일본이 겪고 있는 경제상황과 우리나라의 상황은 확연히 차이가 있다. 사실 조금 더 깊게 들어가면 엔화와 원화의 특성에 따른 일본경제의 차이와 우리나라 경제의 차이를 인식해야 한다. 구조적으로 우리는 세계경제 위기가 와도 자동적으로 일어설 수 있는 경제구조인 반면에 일본은 다시 고전할 수밖에 없는 경제구조이다. 좀 더 큰 틀에서의 경제 분석은 다음을 기약하기로 한다.

제6절

시장경제시스템과 시장영향 요인 분석

시장경제체제에서 재화나 서비스는 수요와 공급이 자연스러운 조정과정을 거치면서 균형가격으로 수렴되는 시스템이 가장 이상적이다. 이러한 논의는 거의 모든 재화의 가격결정에 있어서 적용 가능한 것으로 인식되었다. 하지만 일부 재화에 있어서는 가격결정 시스템이 무력화되어버리는 '시장실패'가 자주 발생하였는데, 그 대표적인 재화 중의 하나가 부동산이다. 특히 우리나라에선 급격한 산업화 정책에 따른 자원배분의 불균형과 도시로의 인구집중현상으로 지속적인 주택부족문제를 유발했다. 초과수요에 따른 투기 심리까지 더해져 부동산시장은 급등과 급락을 거듭했고, 안정적 서민생활을 위협하는 최대의 위험요소가 되었다. 단순한 수요, 공급의 원리에 전착해 부동산시장을 바라보는 경우 시장 불균형성을 심화시킬 수 있으므로 부동산 시장을 형성하는 제 요인에 대해서는 보다 정밀한 체계적 검토가 요구된다. 정부의 정책 및 개인의 투자 차원에서도 선제적 대응이 필요하다. 이하에서는 부동산시장에 영향을 미치는 여러 요인을 간략히 살펴보도록 하겠다.

1. 경기 - 기존 이론과 달리 최근의 경우 부동산경기는 일반경기에 비해 선행하는 경우가 많다.

2. 금리 – 금리하락은 기업의 금융부담 완화와 채권이율 하락에 따른 주식의 투자매력도 상승으로 호재로 작용한다. 하지만 금리인하기는 대부분 경기침체기에 해당하는 경우가 많아 금리가 상당 폭 인하된 이후부터 유동성 장세가 시현되고, 이후 기업실적의 호전과 경기회복에 따라 주가의 방향성이 결정된다. 이에 반해 부동산시장은 실물경기에 비해 후행하는 것으로 알려져 있으나, 최근에는 일률적이지 않고, 주거용, 공업용, 상업용에 따라서도 다르다. 반면에 이전에 비해 뚜렷이 나타나는 특징은 주거용과 수익형 부동산은 금리와 통화량이 일정한도 이상으로 인상, 인하, 증가, 축소됨에 따라 명확한 방향성을 보이고 있다. 이는 실물인 부동산이 실물경기상황에 따라서도 반응하지만, 저금리 상황에서 투자재로서의 특징이 강하게 나타나며 금리와는 반대, 통화량과는 같은 방향으로의 움직임이 나타날 개연성이 높다는 점을 의미한다.

3. 재정확대정책 – 경기부양을 위한 재정확대는 유동성 증가로 주가에 우호적이다. 다만 경기침체기에 시행되는 경우가 많아 시행초기에는 주가가 오히려 하락하는 경우가 많다. 대부분의 재정확대정책은 도로 등 인프라구축에 투입되는 경우가 많아 부동산에 있어서는 국지적 상승요소로 파악된다. 다만, 재정확대정책이 지속된다는 것은 그 자체로는 경기가 좋지 않다는 방증이다. 이 시기에 부동산 경기가 좋은 경우와 나쁜 경우가 있는 것은 실물경기에도 영향을 받고, 금융정책이나 시중 유동성에도 영향을 받는 부동산시장의 특성 때문이다.

4. 본원통화량 증대 – 본원통화확대는 유동성 증가로 주가에 우호적이나 거래 침체로 인한 파생통화량이 증대하지 않으면 유동성 함정에 빠질 수 있다. 만일 유동성 함정에 빠진다면 통화가 사장되면서 주식시장이나 부동산시장으로 유입되지 않게 되고 실물 경기에는 별 영향을 주지

못하기도 한다.

5. 인플레이션 – 초기에는 주가상승요인으로 작용하나 장기간 지속될 경우 금리인상 및 임금상승으로 인한 주가하락요인으로 작용한다. 부동산시장에는 화폐보다는 실물선호 현상이 나타나며 우호적으로 작용한다. 특히 우리나라는 부동산 이외의 실물시장이 발달하지 않은 관계로 다른 나라에 비해 부동산시장에 더 큰 영향을 미친다.

6. 경상수지 – 기본적으로 경상수지가 흑자를 기록하면 시중의 유동성이 풍부해지고, 기업실적이 좋다고 볼 수 있어 주가에는 우호적이다. 다만 수출이 줄고, 수입은 더 감소함으로 인해 발생하는 불황형 흑자가 오래 지속되면 주가에는 부정적 영향을 미치기도 한다. 다만, 부동산 시장에는 시중의 유동성 증가와 대체투자처가 마땅치 않은 관계로 우호적으로 작용하는 경우가 많다.

7. 환율 – 원자재가 부족한 소규모개방경제국가인 우리나라는 환율에 매우 민감하다. 원자재를 수입해 가공단계에서 부가가치를 발생시키는 방식의 수출주도형 경제는 환율의 움직임에 따라 다음과 같은 경제흐름이 나타난다.

(1) 환율인상(평가절하) : 수출증대 → 수출기업 주가상승 → 물가상승 → 소비위축 → 내수기업 및 외환차입액이 큰 회사 위주로 주가하락 → 수출기업 하락 반전(원자재가격상승 및 해외공장 확대로 인해 실질적인 이윤 폭은 큰 증가세 없음이 확인되며, 지나치게 올랐던 상승분 일부 반납) → 외국인 비중 높고 주가상승이 높았던 회사 위주로 외국인과 기관의 수익현실화가 이어지며 하락세 지속 → 환율인하추세 확인되면 해외자금 다시 유입되며 주가상승 → 기관매입가세로 추가상승 → 뒤늦

게 개인투자자가 가세하며 주식시장 버블 형성

(2) 환율인하(평가절상) : 수출감소 → 수출기업 주가하락 → 물가안정 → 소비확대 → 내수기업 주가상승 → 외환 차입액이 큰 회사 주가상승 → 수출기업 주가회복(원자재가격하락과 해외공장물량확대 및 환 헤지 등으로 실제 큰 타격 없음이 확인되며 기존의 하락 폭 회복) → 환율의 평가 차익을 목표로 한 해외투기자금 유입으로 주가상승 → 기관 매입 가세로 추가 상승

8. 해외경기 동향 – 해외경기는 미국, 중국, 유럽, 중동 등 원자재 국가 등 다양한 측면에서 살펴봐야 한다. 최근에는 미국을 제치고 중국이 우리의 무역대상국 1위로 뛰어오르며 중국의 영향이 커졌다. 하지만 미국의 경기 움직임은 여전히 막대한 영향을 미치고 있다. 단적으로 미국의 경기회복 여부에 따라 금리와 양적완화 여부가 달라지고, 이는 우리나라의 금리와 외국자금 유입, 유출에 곧바로 영향을 미친다. 이 외에도 미국 소비가 회복되면 미국에 대한 직접수출뿐만 아니라, 중국을 통한 중간재 수출도 활기를 띠게 되므로 매우 중요한 사안이다.

다음 그림에서 보는 것처럼 종속변수인 부동산 시장에서의 가격결정은 주택에 대한 수요와 공급, 정책이라는 3가지 주요한 독립변수에 의해 영향을 받고 있으며, 이 외에도 소득, 금리, 심리 등 다양한 요인에 의해 복합적 영향을 받아 결정된다.

Y(주택가격)=f(X[주택수요,주택공급,정책,소득,금리,심리…])

부동산시장 영향요인

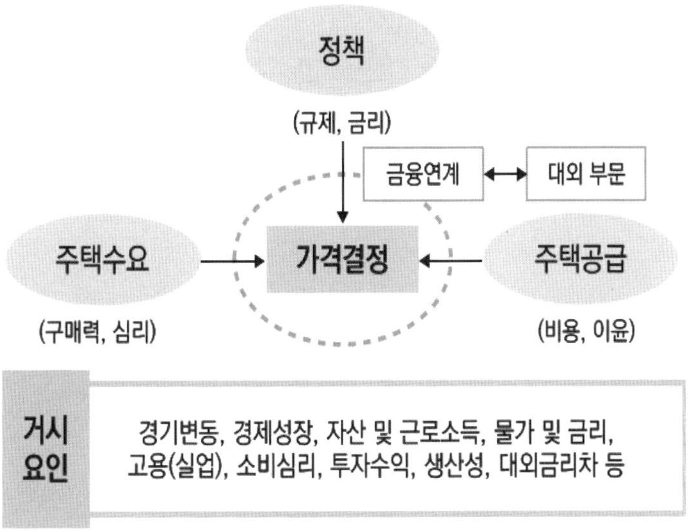

자료출처 : 거시경제지표변화와 주택가격관계의 실증연구 (김현식, 한국감정원)

제7절

부동산의 특성과 경기변동

부동산시장의 특성을 파악하기 위해서는 부동산학의 성격부터 규명해야 한다. 부동산학은 인간과 부동산의 상호작용과정에서 발생하는 문제의 해결을 위해 부동산현상을 연구하고, 보다 능률적인 부동산활동을 추구하는 사회과학이다, 즉, 부동산 그 자체를 연구하는 자연과학이나 순수과학이 아니라, 현실의 현상에 근거한 경험과학이자 실천과학이다.

1. 부동산학의 접근방법과 지도이념

(1) 부동산학의 접근방법

부동산학은 비교적 최근에 태동한 학문으로 초창기에는 법학, 경제학 등 관련학문에서 필요한 부분만을 연구하는 형식으로 시작되었다. 법학자들이 부동산관련 법과 제도를 연구하고, 경제학자들은 실물자산으로서의 부동산 자산에 대해 연구하고, 건축학자들은 건물구조 측면에서의 효율성에 대해 연구하는 등의 방식이다. 이를 분산식 접근방법이라 말한다. 이후 부동산의 독립성이 강조되기 시작하며 연구자의 기초 소양이나 가치관에 따라 법적, 경제적, 기술적 측면에서의 특정 부분을 강조해서 접근하는 중점식 접근방법을 거친 후, 현재는 이러한 3가지 측면을 균형 있게 종합하여 고찰하고, 체계적으로 이론을 구축할 것을 요구하는 종합식 접근방법으로 발전했다. 이외에도 부동산과 관련된 인간의 행태를 중심으로 접근하는 행태과학적 접근방법, 인간은 합리적 존재라는 경제학의 대명제를 전제로 의사결정과정에 중점을 둔 의사결정적 접근방법 등 다양한 연구방법이 존재한다.

(2) 부동산학의 지도이념

부동산은 사적 재화이면서도 공적 재화임을 고려해, 사익성과 관련된 효율성과 공익성과 관련된 형평성을 잘 조화시킬 필요가 있다. 일례로 사익성을 강조해 공적규제를 느슨하게 하면 사유재산권 행사는 최대한 보장되겠지만 이로 인한 난개발, 환경파괴 등 부정적 외부효과가 발생할 수 있다. 반면에 공익성을 강조하면 사유재산권에 대한 지나친 제약과 적시에 유효적절한 투자가 이루어지지 못할 가능성이 높아 비효율적인 결과를 초래할 수 있다. 결국 효율성과 형평성을 잘 조화시킨 관련법의 제정과 사회 구성원들이 이에 동의하는 합법성이 전제되어야만 한다.

2. 부동산의 특성

우리나라 민법 99조에 보면 부동산은 '토지 및 그 정착물'로 정의되어 있다. 토지 외에도 건물 등의 구축물도 부동산이 될 수 있고, 사회적 편의상 자동차, 항공기 등의 동산의 일부에 대해서도 준부동산이라고 하여 부동산에 준해 취급하고 있다. 만일, 자동차를 성질대로 일반 동산처럼 취급한다면, 관리문제 등에 심각한 문제점을 초래하게 된다. 부동산은 등기로 동산은 점유로 소유관계를 추정하게 된다. 이때 자동차를 점유한 사람이 소유자로 추정된다면 현관 내부에 주차장을 만들어야 될 것이며, 길거리 주차는 생각조차 할 수 없을 것이다. 아마 차에는 지울 수 없는 잉크로 커다랗게 소유관계를 나타내어야 할 것이다. 학창시절 친구의 교과서와 구별하기 위해 자기 이름을 적어두는 것처럼 말이다. 심지어는 범죄에 악용되는 경우도 많을 것이다. 우스갯소리로 최고 각광받는 직업은 자동차 열쇠전문업이 될 것이며, 예전의 '창과 방패' 우화를 패러디한 광고 문구가 쏟아져 나올 것이다. "이 열쇠는 이 세상 그 어떤 자동차도 열 수 있는 열쇠이고, 이 자동차 특수 장치는 이 세상 그 어떤 열쇠로도 열 수 없다."

그렇다면 이러한 부동산은 동산 등의 일반 재화와는 어떤 다른 특징을 지니고 있을까? 부동산 중에서도 토지와 정착물의 특성도 차이가 있다. 이하에서는 부동산의 특성이 가장 잘 드러나는 토지를 중심으로 그 특성을 살펴보도록 하겠다. 토지의 특성은 토지가 지니고 있는 본질적 특성으로서의 자연적 특성과 토지에 인간이 개입하는 과정에서 나타나는 인문적 특성으로 분류할 수 있다.

(1) 자연적 특성

① 부동성

물건을 부동산과 동산으로 구별하는 근원적 특성으로 권리관계에 관한 공시방법을 달리하는 근거가 된다. 부동산은 특정 지번에 대해 대장을 편성해서, 면적, 용도, 건축구조 등의 사실관계에 대해, 등기부를 통해 소유권과 저당권 등의 제한물권 등의 권리관계에 관한 기록관리가 가능하다. 반면에 동산은 이동이 가능한 관계로 고정되어 있음을 전제로 한 관리가 곤란하다. 우리나라 법제는 이러한 재화의 특성을 고려해 부동산은 등기, 동산은 점유를 그 공시방법으로 규정하고 있다. 공시제도는 타인의 간섭을 배제할 수 있는 배타적 권리를 가지고 있는 사람을 세상 사람들에게 공식적으로 알려주는 방법이다. 법적으로 제3자라고 불리는 세상 사람들은 이를 바탕으로 권리관계를 파악할 수 있어 거래관계가 원활히 이루어지게 된다.

토지는 이동이 완전히 불가능한 반면에, 건축기술의 발달에 따라 조립식 건물 등 상당수의 건물은 해체, 이동이 가능하므로 이동의 곤란성으로 표현할 수 있다. 부동성으로 인해 발생하는 주요한 파생특징은 다음과 같다.

㉮ 주변의 환경에 의해 부동산의 가치가 영향을 받게 되는 외부효과가 발생하고, 이는 부동산 가격이 끊임없이 변동하는 원인이 된다. 따라서 물건의 가치를 평가하는 감정평가나 투자여부를 결정하는 부동산투자분석 과정에서는 개별물건분석 외에도 주변 지역에 대한 분석이 중요하다.

㉯ 이동이 불가능한 관계로 관련 당사자가 직접 현장에 가서 분석하는 임장활동이 필요하다. 이는 각 지역별로 정통한 지역 분석가가 필요하다는 뜻이며, 전국적으로 통용되는 정보에 대한 한계가 존재하므로 첨단정보화 시대에도 공인중개사나 감정평가사 등이 존재할 수 있는 바탕이 된다.

② 영속성

시간의 흐름에도 불구하고, 소멸하지 않고, 그 가치가 보존되는 특성을 말한다. 이러한 영속성의 특성으로 인해 사용가치와 교환가치를 분리시킬 수 있고 임대차시장도 발전하게 된다. 한 번 사용하면 소멸되는 단용재의 경우에는 사용은 곧 소멸을 의미하므로 임대차시장이 발생할 수가 없다. 건물은 언젠가는 멸실될 것이지만, 그 기간이 매우 장기성을 띠므로 내구성에 의한 임대차시장이 발달하게 된다. 특히 마모되는 속도보다 인플레이션에 의한 가치증가 속도가 빠르게 되면 전세시장이 발달할 수 있는 근거가 된다.

㉮ 부동산가치를 분석함에 있어서는 장기적 관점에서 장래의 변동성을 고려한 예측이 중요하다.

㉯ 감가상각이 배제됨에 따라 인플레이션 방어기능이 있어 부증성과 함께 투기의 원인으로 작용한다.

③ 부증성

일반재화와 달리 노동이나 자본이라는 생산요소를 투입해 물리적 양을 늘릴 수 없다. 수면매립으로 택지조성을 할 경우는 토지가 증가한 것이 아니라, 토지 이용이 전환되어 경제적 용도가 변경된 것에 불과하다.

㉮ 토지는 한정된 재화이므로 최유효이용이 필요하며, 공공성을 고려해 판단해야 한다.

㉯ 토지의 사용에 지대를 발생시키며, 집약적 이용의 가능성에 따라 토지의 가치는 달라지며, 투기가 발생하는 원인이 된다.

④ 개별성

인간이 공장에서 기계로 만들어낸 재화가 아닌 관계로, 물리적으로 완전히 동일한 재화는 있을 수 없다. 이는 부동산 간의 비교를 어렵게 만들고, 적정가격에 대한 판단을 힘들게 만드는 원인이 된다.

㉮ 정가라는 개념이 불가능하므로 이에 대한 적정한 가치 수준을 판별해 줄 수 있는 감정평가의 필요성을 제시한다.

㉯ 감정평가에 있어 개별분석이 필요하며, 부동산시장을 비표준화, 비조직적 시장으로 만드는 원인이 된다.

(2) 인문적 특성

인간이 부동산을 개발하는 과정에서 발생하는 특성으로 후천적, 가변적 특성이다.

① 용도의 다양성

인간이 토지를 활용함에 있어 농지, 택지, 공장용지, 도로 등으로 다양하게 활용할 수 있는 특징을 의미한다.

㉮ 용도전환을 통해 경제적 공급물량을 조절할 수 있다. 이를테면, 택지나 공장부지가 부족하면 농지의 용도변경을 통하여 공급을 증가시킬 수 있다. 다만 이때는 토지이용의 비가역성을 함께 고려해 신중히 판단해야 한다. 특히, 1차 산업 용도도 사용되는 토지를 2, 3차 산업의 용도로 바꾸는 것은 쉬우나, 2, 3차 용도로 사용하던 토지를 1차 산업 용도로 바꾸는 것은 매우 어려우므로 지속가능한 개발에 유의해야 한다.

② 병합 · 분할의 가능성

이용 주체의 판단에 따라 인위적인 합병, 분할이 가능하다. 이는 용도의 다양성을 강화하는 기능을 한다.

㉮ 적정한 규모로 분할하거나 합병하는 과정을 통해 개별 시장가격과는 다른 한정가격의 성립이 가능하다. 특히, 개발과 관련해 많이 사용되는 방법이다. 이를테면 대규모 임야나 농지를 구입해 부담이 작은 규모로 분할해 전원주택단지로 개발하거나, 전면이 큰 도로에 접하고 있는 좁은 점포가 있을 때, 후면의 주택을 매입해 규모의 경제화를 통해 가치를 높이는 방식이다.

㈏ 기획부동산이나 재개발구역 등에서 법의 맹점을 활용해 분할을 악용하기도 한다.

③ 사회적 · 행정적 · 경제적 위치의 가변성

토지의 자연적 위치는 변화가 없지만, 인간의 활동에 따라 인문적 위치의 변동은 가능하다.

㈎ 사회적 위치의 가변성은 인구의 상태, 가구구성, 교육 및 사회복지, 거래 관행 등에 따른 변화를 의미한다.

㈏ 행정적 위치의 가변성은 정부의 정책에 따른 변화로 주택정책이나 부동산세제변화 등이 이에 해당한다.

㈐ 경제적 위치의 가변성은 금융, 임금, 물가 등의 경제변수나 교통체계의 상태 등이 있다.

사회적 위치의 가변성	인구, 가구 구성 형태, 교육기회 사회복지 수준 (영유아, 노인) 사용 · 수익의 관행
경제적 위치의 가변성	생산, 소비, 투자, 국제수지 재정, 금융, 물가, 임금수준, 고용의 양과 질 조세 부담률, 도로 및 교통 체계
행정적 위치의 가변성	토지이용계획, 건축규제현황 택지조성 및 주택 공급정책, 부동산세제 분양가상한제, 전월세상한제 등 정책적 규제

3. 일반 경기변동

(1) 경기순환국면

경기변동을 유형적으로 살펴보면 일정한 주기를 가지고, 호황, 후퇴, 불황, 회복 국면이 순차적으로 반복되는 순환적 변동, 봄, 가을의 이사철과 방학, 명절 등에 영향을 받는 계절적 변동, 지역의 생애주기에 따른 장기적 변동, 예상치 못한 사태로 초래되는 경기변동으로서 정부정책의 변화, 전쟁, 사회소요상황 등의 무작위적 변동이 있다. 특히, 최근에는 2001년 미국의 9.11테러, 미국과 이라크 간의 전쟁, 중동 종교분쟁 격화 등의 무작위적 변동이 세계경제에 미치는 영향이 갈수록 증대되고 있다. 하지만 무작위적 변동은 경제학적 측면으로 본다면 제어할 수 없는 영역에 속하므로 이 중 순환적변동의 규칙성이나 특징적 면을 찾아내기 위해 많은 이론적 · 실증적 접근이 이루어지고 있다. 경기변동 4국면의 주요한 특징을 살펴보자.

(1) 회복기에는 경기가 저점을 찍고 다시 반등해 수요가 회복되고, 창고에 쌓여있던 재고가 소진되기 시작한다. 곧이어 기업들의 생산량 증대가 이어지며, 재투자와 고용증대로 이어진다. 금리와 주가는 상승한다.

(2) 호황기는 경제 활동이 가장 활발한 시기로 수요와 생산이 최고조에 이른다. 금리는 최고수준을 기록하게 되고, 물가상승과 함께, 과잉투자가 발생한다.

(3) 후퇴기는 경제 활동이 둔화되는 시기로 호경기 때의 확대된 생산 설비로 인해 생산 과잉 상태로 인한 재고증가와 함께 소비와 투자가 동시에 감소한다.

(4) 불황기는 경제 활동이 최저로 침체된 시기로 금리는 최저수준이나 생산과 소비가 동빈 감소하고, 부도기업과 실업자가 급증하게 된다.

(2) 경기순환의 원인과 대응방안

자본주의 경제는 경제주체들의 자율적 활동에 따른 참여와 가격에 의한 균형기능으로 작동한다. 하지만 이 과정에서 가수요가 발생하거나 과잉투자로 인해 주기적인 경기파동을 겪게 된다. 이러한 경기파동은 그 기간에 따라 장기, 중기, 단기 파동으로 나뉘고, 유형에 따라 순환적 변동, 계절적 변동, 무작위적 변동 등으로 분류된다. 장기파동은 기술혁신에 따른 생산력의 증가, 전쟁과 같은 사회 변동, 대규모 개발 사업으로 인한 변화로 발생하고, 중기파동은 내구재의 수요 변화, 단기파동은 재고 변동, 이자율, 환율 등의 변화로 인해 발생한다.

파동의 종류	주기	원인
콘드라티예프 파동 (장기 파동)	약 50 ~ 60년	기술 혁신
쿠즈네츠 파동 (중장기 파동)	약 20년	경제성장률
주글라 파동 (중기 파동)	약 8 ~ 12년	기업의 설비 투자의 변동
키친 파동 (단기 파동)	약 3 ~ 4년	재고변동 이자율의 변화
한센의 건축순환파동	약 17 ~ 18년	건축투자

이처럼 구조적 문제점으로 인해 주기적으로 발생하는 경기변동에 대한 대응방안은 경제학파에 따라 달라진다. 고전학파에서 현대의 신자유주의 학파로 이어지는 경제관을 가진 측에서는 정부의 개입은 최소화하고, 시장이 가진 복원력을 신뢰한다. 반면에 케인즈학파는 한번 망가진 시장의 메커니즘은 스스로 회복되기 쉽지 않고, 설령 회복이 된다 하더라도 오랜 시간 고통을 겪는 과정에서 경제시스템 자체가 붕괴될 수 있음을 지적하고 적절한 정부의 개입을 강조한다. 구체적 방법으로 경기가 과열될 경우는 재정 지출 축소, 금리와 세율 인상 등을 통해 민간소비와 투자 억제를 유도해 경기를 진정시키고 경기 불황 시에는 재정 지출 확대, 금리와 세율 인하를 통해 민간소비와 투자 증대를 통한 경기 활성화를 도모한다.

4. 부동산경기변동

부동산경기변동은 일반경기변동과 상호 영향을 주고받지만, 특유한 특징을 보이기도 한다. 일반경기변동과 다른 주요한 특징은 다음과 같다.

(1) 부동산 경기는 일반경기와 비교하여 높은 정점과 낮은 저점을 형성한다. 전통적 이론에서는 주기도 일반경기에 비해 2배 정도 길다고 보고 있으나, 최근에는 잘 들어맞지 않는 경우도 많다.

(2) 일반경기가 전 지역에 걸쳐 동시적으로 변동함에 비해 부동산경기는 지역적, 국지적으로 서서히 확대되며 진행된다.

(3) 부동산경기변동에 나타나는 특유한 현상으로 타성기간이 발생한다. 타성기간이란 부동산공급의 비탄력성으로 인해 부동산경기가 일반경기처럼 민감하게 변동하지 못하고 뒤처지는 현상을 말한다. 부동산 공급과

수요의 시간차에 관련한 거미집이론도 부동산시장의 특수성을 잘 설명하는 이론이다. 거미집이론은 공급과 수요의 탄력성의 관계에 따라 수요와 공급이 균형에 집근하는 행태를 시차를 고려하여 설명하는 이론이다. 부동산과 농산물 등의 재화의 수요는 가격이나 시장상황에 대해 곧바로 반응함에 비해 공급은 생산에 장기간이 소요되는 관계로 수요와 공급 사이에 시차가 발생한다. 이후, 막상 공급이 충분히 이루어질 시기에는 다시 초과공급이 나타나게 된다. 이러한 초과수요와 초과공급은 반복적으로 발생하며 균형에 수렴하게 된다.

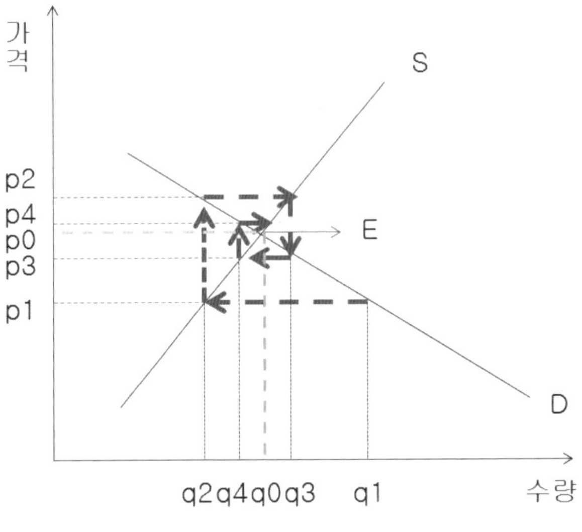

거미집이론(수렴형)

이를테면 부동산시장이 회복되는 신호를 감지하고 시장에 신규분양물량을 공급하려고 해도 일반재화와는 달리 신규 공급에 장기간이 소요된다. 결국 주기적으로 초과공급과 초과수요의 현상을 겪을 수밖에 없으며 균형가격으로의 접근에도 많은 시간이 소요되고 이 과정에서 폭등과 폭락이 반복된다. 이처럼 공급과 수요의 탄력성 차이에 따라 생기는 순환과정을 에치켈(M. J. Ezekiel)은 그 움직임에 주목해 거미집이론으로 설명하고 있다. 만일, 공급이 매우 탄력적임에 반해 수요가 비탄력적인 재화라면 거꾸로 균형가격에서 점점 더 멀어지는 발산형도 나타날 수 있다.

(4) 일반경기변동과 달리 부동산시장에만 있는 특유한 안정시장 국면이 나타난다. 안정시장은 역세권 등 위치가 좋고 규모가 작은 부동산 위주로 거래되는 시장으로 불황에 강한 시장으로 불린다. 이 시장국면은 순환주기의 어느 국면에나 나타날 수 있다.

	일반 경기	가격 동향	거래량	금리	공실, 공가	이전 거래 가격	우위 (중심 시장)
하향 시장	수축 심화	↘	급감	최저	↗	상한선 기준	매수자
회복 시장	회복 시작	↗	증가	상승	↘	하한선 기준	매도자
상향 시장	확장 확대	↗	급증	최고	↘	하한선 기준	매도자
후퇴 시장	후퇴 시작	↘	감소	하락	↗	상한선 기준	매수자
안정 시장	부동산 가격은 물가상승률 수준의 가벼운 상승이 유지되거나 안정되나 전반적 거래는 감소하고, 실수요 위주로 재편. 불황에 강한 작고 입지가 좋은 부동산이 강세						

경기순환의 특징을 살펴보면, 상향시장에서는 건축허가신청건수, 택지분양실적, 거래량 등이 증가하고 공실률은 지속적으로 감소된다. 경기가 정점을 찍은 후 후퇴시장에 진입하게 되면, 거래와 건축허가신청건수 등은 감소하고 공실률은 증가하기 시작하며, 가격상승이 중단되는 현상이 나타

난다. 후퇴시장의 국면은 비교적 빠르게 진행되는 경우가 많다. 특히 호황기에 정점이 높고, 버블논쟁이 치열할수록 후퇴시장의 충격은 크게 나타난다.

후퇴시장 이후 경기가 저점을 찍는 시기가 하향시장 국면이다. 이 시기는 거래 절벽이라는 표현이 나올 정도로 거래가 저조하고 부동산의 가격은 약 보합세를 유지하거나 하락하므로, 종전의 거래가격은 새로운 거래가격의 상한선이 된다. 이러한 기간이 지속되게 되면 저가매수수요가 유입되는 과정에서 공실률은 감소한다. 이후 공급의 비탄력성으로 인한 초과수요가 나타나기 시작해 다시 회복시장으로 진입하게 된다. 회복시장은 부동산 경기의 순환 국면 중 최저점에서 상향시장에 이르는 국면의 시장이다. 경기회복은 전국적으로 동시에 일어나기보다는 지역별로 일어나며, 후퇴국면이 급속하게 반응하는 데 비해, 회복국면은 비교적 장기에 걸쳐 서서히 진행되는 경우가 많다.

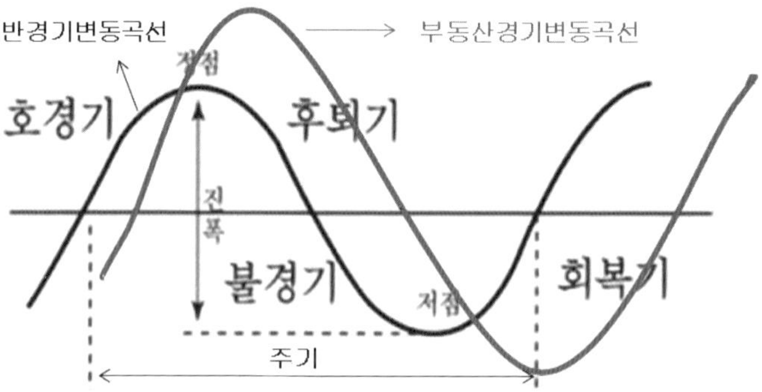

제8절

부동산시장의 특징과 구조

공급과잉의 시대에 살고 있는 현대경제의 핵심은 수요의 움직임이다. 이는 부동산시장도 마찬가지다. 수요는 구매의사와 구매력을 보유한 유효수요와 구매의사는 있으나 구매력이 부족한 잠재수요로 구분할 수 있다. 유효수요와 관련된 시장을 구분해보면 실수요시장과 투자수요시장으로 구분해볼 수 있다. 유효수요 증가는 크게 두 가지의 경우로 나누어볼 수 있다. 먼저, 경제성장이나 산업구조재편, 개발로 인해 인구증가 및 소득증가가 원인으로 작용해 발생한다. 다음으로 금리하락, 통화량 증가 등으로 대체수요에 비해 부동산자산의 투자수익률이 상승할 때도 유효수요가 증가할 수 있다.

그림에서 보는 것처럼 실수요시장인 공간시장과 투자시장인 자본시장으로 분류할 수 있다. 경제가 성장하거나 인구가 증가해 공간시장 수요가 늘어나게 되면 수요자경쟁이 일어난다. 임차료가 증가하고, 가격도 상승하게 된다. 보통의 재화의 경우 수요가 증가하면 빠른 시일 내에 공급이 같이 증가하며, 곧 바로 가격은 안정세를 찾는다. 반면에 부동산이나 농산물 등은 앞에서 이미 설명한 거미집이론에 의한 절차를 밟게 된다. 즉, 공급의 비탄력성으로 인해 아무리 배추 가격이 금값이라도, 없는 배추를 당장

씨를 뿌려 급속 성장시켜 시장에 출하할 수는 없는 노릇이다. 이는 부동산시장도 마찬가지다. 오히려 농산물은 중국 시장 등에서 수입을 늘리는 방향으로 빠르게 내응이 가능하다. 반면에, 아파트가 부족한 상황이 벌어졌을 경우, 아무리 빨리 공급하고 싶어도 방법이 없다. 수요와 공급에 미스매치가 발생해 가격이 상승하면 좀처럼 꺾이지 않고 오래도록 진행될 수밖에 없다.

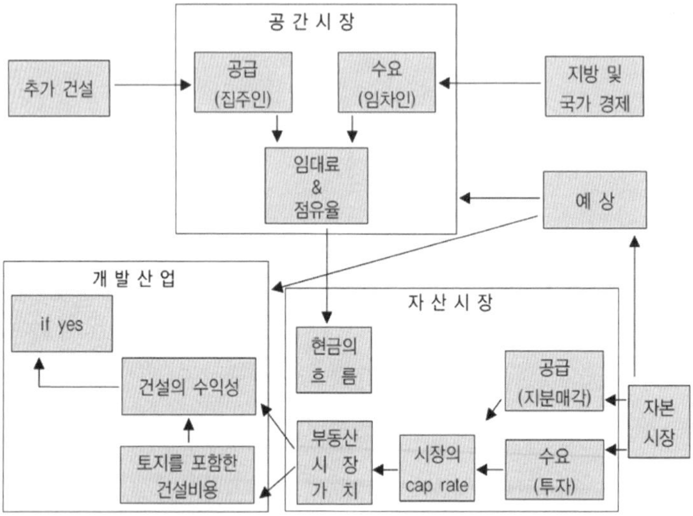

자료 : David M. Geltner, Norman G. Miiller, Commercial Real Estate Analysis and Investment, South-Western, 2001, p.25에서 인용.

자료출처 : 부동산자산관리론(양영준, 부연사, 2016)에서 재인용

여기에 대한민국에만 있다고 봐도 좋을 독특한 제도는 기름을 붓는 격이다. 중도금무이자를 마케팅 요소로 내미는 선분양제도와 전세제도이다. 계약금만 있으면 3년 뒤 입주까지 일단 돈 걱정은 할 필요가 없다. 전세를 지렛대로 활용하면, 대출 이자 걱정 없이 투자자금을 최소화할 수 있다. 한 번 불이 붙으면 가수요 시장을 폭발시키며 엄청난 가속도를 붙일 수 있다. 물론, 분양권

전매, 청약제도, 전세금 대출 등에서 이러한 용이한 환경을 만들어준 정책의 공(?)도 혁혁하다.

더해서, 금리가 낮으면 낮을수록, 경제가 불확실하면 불확실할수록 금융자산인 예금이나 주식에 비해서 그 장점이 부각된다. 정기예금 이자율 3~4%를 기대할 수 있는 시장에서 5~6% 수익률이 나오는 수익형 부동산은 무덤덤하다. 하지만 정기예금 이자가 1~2% 수준밖에 안 된다면, 여전히 같은 수익률인 5~6% 수익형 부동산 상품도 솔깃할 수밖에 없다. 결국 금리가 지속적으로 낮아지면, 경제성장과 소득, 임대료가 정체되어도 대체시장에 대한 기대수익률이 낮아지며, 부동산에 대한 수요는 증가하고, 가격은 상승한다.

이때 발생하는 초과수요에 의한 가격상승은 심리적, 정책적 요인에 의한 투기수요까지 가세해 한 단계 더 추가적으로 상승하게 된다. 이러한 순환구조는 당시 상황에 부합하는 거품수요까지 충족시킬 만큼 신규추가건설이 이루어져 시장에 충분한 공급이 이루어지는 시기까지 지속된다. 그런데 우리나라만의 특유한 현상으로 인해 외국에 비해 시장의 진폭은 더 커지는 경향이 있다.

대규모 아파트 단지 위주의 공급은 특정시기의 입주물량 과다로 인해 일시적 초과공급 상태가 발생한다. 여기에 경제여건까지 불안하면, 투자목적의 분양권이 매도물량으로 나오기 시작한다. 이후, 실수요자들도 잔금을 치르기 위해 기존아파트를 매도하기 시작하면 시장은 어느새 초과공급이 강화되며 매수자 우위시장으로 바뀐다. 만일 대규모 입주로 인해 전세가격까지 하락하게 되면, 전세자금으로 잔금을 치르려는 계획까지 차질이 생겨 매도물량은 더욱 증가해 추가적 하락이 나타난다.

같은 시기를 유효 수요 측면에서 살펴보자. 경제여건이 안 좋아지거나, 단기간의 급격한 가격상승으로 추가적 상승에 대한 기대심리가 약해지면, 신규 분양물량에 대한 수요나 교체수요가 감소해 구매의사의 감소를 가져온다. 또한 소득의 증가에 비해 주택가격이 더욱 가파르게 상승하거나, 대출 규제가 가해지면 구매력이 부족해져, 구매능력이 감소하게 된다. 결국 유효수요를 구성하는 구매의사와 구매력이 동시에 감소하며 수요는 급감한다. 이러한 주택 소비의 위축은 신규공급시장인 분양시장에 직접적 여파를 미쳐 미분양 또는 미입주 물량을 양산하게 되고, 초과공급 상태는 일반재화와 달리 빠르게 균형가격으로 회복하지 못하고 오랫동안 지속된다. 아파트를 분양하고 준공하기 위해서는 사전준비기간까지 생각할 때, 최소 3 ~5년 이상의 기간이 소요되는 장기현상이다. 하지만 현실적으로 착공단계에 들어간 신규분양아파트는 초과공급 여부에 관계없이 계속해서 사업을 진행할 수밖에 없다. 심지어는 토지를 확보한 상태에 불과한 경우조차도 자금회전을 위해 시장상황과는 관계없이 분양을 강행할 수밖에 없어 초과공급 상태를 악화시키는 경우도 발생하게 된다.

결국 시장의 신호를 바탕으로 공급 중단이라는 제동장치를 가동하고 싶어도 실제로 멈추기까지 걸리는 제동거리가 너무 길어져 사고(?)로 이어진다. 사고의 크기는 그 전의 최고 속도가 얼마였으며, 어느 시점에서 브레이크를 밟기 시작했는지에 따라 달라질 것이다. 사고위험 때문에 급브레이크를 밟아 사고를 모면했더라도 차가 완전히 설 수밖에 없어 다시 출발해 가속하기까지는 상당한 시간이 소요될 것이다. 이런 이유로 과속이 염려되면 엑셀페달에서 발을 떼고, 가끔씩은 살짝 살짝 브레이크를 밟아 속도를 줄여줘야 한다. 그럼에도 한번 가속이 붙으면 여간 주의하지 않으면 속도 감각이 떨어지게 되고, 점점 더 가속을 하게 되는 것이 문제다.

이외에도 정책 당국이 긴축 통화정책으로 전환해 금리가 상승하게 되면 투자자의 자기자본수익률이 감소하게 되고, 이는 주택에 대한 수요 감소 및 주택가격의 하락으로 이어지게 된다. 이러한 주택 가격의 하락은 신규 주택투자를 위축시키고, 신규 투자위축은 주택 건설 활동을 감소시키게 될 것이다. 주택건설 활동과 관련된 경제 활동의 위축은 근로자의 소득을 감소시키고, 주택서비스를 제공하는 여타 산업 부문의 생산물 수요를 감소시키기 때문에 결과적으로 주택경기도 함께 하락하게 된다.

최근 들어와서 많은 관심을 받고 있는 이론이 이른바 거품이론이다. 가격거품이란 자산 가격이 시장근본가치를 초과하여 지속적으로 상승하는 현상을 말하는데, 가격거품은 시장이 효율적이더라도 존재할 수 있으며, 가격거품이론에서 가장 문제가 되는 것은 왜 최초에 거품이 생기는가 하는 점이다. 가격거품이론은 일단 거품이 생기고 나면 거품이 자기실현적으로 커지는 과정을 이론적으로 보여준다. 그러나 왜 처음에 거품이 생기는지에 대해서는 아무런 대답을 해주지 못한다.

이러한 거품이 생기는 이유를 설명하기 위해 여러 가지 가설이 나오고 있으나 아직까지 이에 대한 지배적인 이론이 없는 상태이다. 이런 자산에 대한 거품이론을 경제 전반에 대입해 본다면, 어떤 이유로 대부분의 경제주체들이 한쪽 방향으로 미래의 경제가 움직일 것이라는 기대를 가지게 되면, 실제의 현상과 관계없이 특정시점까지는 그 기대대로 흘러가게 된다.

이른바 경제의 자기실현적 예언 상태로 빠져든다. 모든 경제주체가 부동산시장이 상승할 것이라는 기대를 가지고 행동한다면 시장은 내재적인 기본가치와는 무관하게 그 기대대로 실현될 것이므로 실제로 경기변동현상이 발생할 수 있게 된다. 이는 투기현상과 관련해 많이 인용되는 이론이며, 최근에 문제가 되고 있는 인플레이션 기대심리 문제도 같은 맥락의 문제이다.

부동산시장은 일반적인 시장의 특성과 부동산이라는 재화가 가지는 특성에 의해 부동산시장만이 가지는 고유한 특성이 혼재되어 나타난다. 일반적인 시장은 다수의 소비자와 생산자가 동질의 상품에 대해 완선한 정보를 보유하고 별다른 제약 없이 자유롭게 거래함으로써 거래량과 가격이 시장에 의해서 자율적으로 조절되는 완전경쟁시장이론을 바탕으로 하고 있다. 하지만 현실경제에서는 규모의 경제에 의한 이점 등으로 독점시장, 과점시장, 독점적 경쟁시장 등의 불완전경쟁시장이 더 많이 발생하므로 이들 시장이 지니는 특성에 대해 보다 주목할 필요가 있다. 반면에 부동산시장은 부동산이 지니고 있는 자연적 · 인문적 · 경제적 특성이 작용하여 일반재화가 거래되는 시장과는 본질적으로 다른 특성을 지닌다.

첫째, 공간적인 범위가 일정지역에 한정되는 국지성의 특성을 가지며, 이로 인해 외부환경변화에 크게 영향을 받게 된다. 이러한 국지성은 시장의 분화[1])로 연결되어 지역적 불균형 현상을 초래하게 된다. 둘째, 공급의 비탄력성으로 인해 수요 · 공급의 자율적 조정에 의한 가격시스템 작동이 쉽지 않은 관계로 정부의 정책적 대응이 필요하다. 셋째, 거래의 비공개성으로 인해 적정가격에 대한 공감대가 형성되기 어렵고, 정보의 비대칭성[2])으로 인한 정보탐색비용이 많이 들어간다. 특히 우리나라는 과거 거래의 비공개성 내지는 정보독점의 문제점으로 인해 여러 방면으로 파생적 문제가 불거졌다. 대표적으로 개발호재와 관련한 투자, 기획부동산의 난립.

---

1) 전체시장이 다시 여러 개의 부분적 시장으로 나누어지는 현상을 가리킨다. 이러한 현상으로 인해 특정지역에서는 미분양사태가 발생하고, 특정지역에서는 집이 부족해 가수요까지 일어나게 되거나, 아파트는 강세를 나타내도 단독주택가격은 미동도 하지 않는 현상 등이 발생한다.

2) 원래는 위임자와 대리인의 관계에서 대리인이 위임자보다 특정 분야에 대한 정보를 더 많이 갖게 되는 상황에서 발생하는 상황을 지칭했지만, 부동산학에서는 판매자나 구매자 등 거래행위 주체의 한쪽 당사자가 정보를 더 많이 가지고 있는 상태에서 발생하는 바람직하지 못한 경제현상을 의미한다. 정보비용의 발생과 역선택 및 도덕적 해이 현상 등이 파생현상으로서 논의되고 있다.

Down 계약서 작성의 만연으로 인한 세제의 불합리성, 순가중개계약[3]등을 들 수 있다. 특히 부동산 투자와 관련해서는 효율적시장이론[4]이 부동산시장에도 적용되며 정보비용에 대한 합리적 측정이 중요함을 의미한다.

이와 같은 부동산 전반에 미치는 특성 외에도 주택은 공공재적 특성, 필수 소비재로서의 특성, 자산으로서의 특성을 모두 내재하고 있어 그 영향요인분석이나 향후 움직임을 예측하기란 더욱 어렵다. 또한 주택가격의 급격한 등락은 나라 전반의 경제는 물론, 상황에 따라서는 국제적인 문제를 유발할 수 있음도 2008년 미국의 서브프라임 모기지 부실에 따른 세계금융위기[5]를 통해 확인할 수 있었다. 실제 주택가격의 변동은 1차적으

---

3) 매도인이 매도가격을 미리 정한 후에 이를 초과한 가격으로 매도한 경우 그 초과액을 중개업자가 보수로 획득하는 방법이다. 현재 "공인중개사의 업무 및 부동산거래신고에 관한 법률" 제 32조(중개 수수료 등)와 제 33조(금지행위)를 종합해보면 "수수료나 실비를 초과하는 금품, 사례 · 증여, 기타 어떤 명목으로라도 금품을 받는 행위를 하여서는 안 된다"고 하여 사실상 순가중개계약을 금지하고 있으나, 토지나 상가의 중개계약은 물론이고, 주택의 경우도 일부 급매물의 경우에는 과거 이러한 순가계약 방식의 중개계약이 상당수 있었던 것으로 알려져 있다. 부동산실거래가격 신고 및 공시제도와 관련해 양도소득세가 기준시가에서 실거래가격 기준으로 바뀜에 따라 과거의 순가중개계약 사실이 추가로 드러나며, 새롭게 문제가 되기도 한다.

4) 시장의 효율성이란 부동산시장이 "새로운 정보를 얼마나 빨리 가치에 반영하는가?"에 관한 논의로, 과거의 정보가 현재의 시장가치에 충분히 반영되고 있는 약성 효율적 시장(weak efficient market), 어떤 새로운 정보가 공표되는 즉시 시장가치에 반영되는 준강성 효율적 시장(semi-strong efficient market), 공표 여부에 관계없이 어떠한 정보도 이미 시장가치에 반영되어 있는 강성 효율적 시장(strong efficient market)으로 나뉜다. 현실적으로 주식시장이나 부동산시장에서 강성 효율적 시장은 존재하지 않으며, 약성효율적시장이나 준강성 효율적 시장에서 초과수익을 얻기 위해서는 정보가 공표되기 이전의 내부 자료를 먼저 알아내거나, 공표된 것보다 질적으로 '우수한 정보'를 얻기 위한 정보비용이 필요할 수 있다. 이때 정보를 얻기 위해 지불하는 기회비용과 정보획득에 의해 발생하는 비용이 동일한 경우를 '할당 효율적 시장'이라 지칭한다. 시장이 할당 효율적이지 못할 경우 '정보의 비대칭성'에 의해서 자원의 할당이 효율적으로 이루어지지 않고, 정보에 대한 접근이 유리한 계층에 의한 '모럴 해저드'나 부정부패가 개입되기 쉽다.

5) 서브프라임모기지는 신용조건이 낮은 사람들을 상대로 주택 시세의 95%까지 대출을 해주는

로는 수요 · 공급의 특성, 즉 경제의 근본가치(fundamental)에 의해 영향을 받는다. 그러나 주택 경제의 공급량과 가구의 수요량을 추정한다고 하더라도 시시각각 변화하는 주택가격 변화의 원인을 정확히 분석하기 위한 방법으로 경제적 근본가치 접근은 한계가 있을 수밖에 없다. 따라서 주택도 하나의 자산(asset)으로 파악하여 주택시장을 시장 참여자들이 자신의 수익률을 높이기 위해 활동하는 자산시장으로 상정하여 주택가격의 변화를 알아볼 필요가 있다.

주택가격에 영향을 주는 주택시장의 근본가치는 자본의 기회비용, 임대료 및 건설비용, 원자재시장, 금융환경의 변화와 소득변화, 사회구조변화 등 다양한 원인을 생각할 수 있다. 그러나 이러한 근본가치 접근법은 요소시장의 변화가 없는 상태에서 국지적이고 급작스런 주택가격 변동에 대해 충분한 설명을 못하는 단점이 있다. 현실적으로 주택가격이 부분적으로는 이러한 근본가치가 아닌 투기적 거품과 같은 비 근본적 요인들에 의해 변동될 수도 있다는 점은 역사적으로 다양한 사례에서 확인되었다.

한편 주택을 주거서비스를 제공하는 상품이면서 동시에 하나의 자산으로 이해하고 주택시장을 자산시장 참여자의 수익률을 높이려는 합리적 시장으

대신에 상대적으로 금리가 높은 주택담보대출이다. 2000년대 초 IT버블붕괴, 9.11테러, 이라크 전쟁 등으로 美 경기가 악화되자 미국은 경기부양책으로 초 저금리 정책을 펼쳤다. 시중에 유동성이 증가하며 투자처를 찾지 못한 투자자들과 넘쳐나는 자금을 빌려줄 곳을 찾지 못한 금융권의 이해관계가 맞아떨어지며, 이른바 NINJA Loan(No Income No Job or Asset)이라는 신조어가 만들어질 정도로 "묻지마 대출"이 성행했다. 이는 소득이 없고, 직업이 없고, 자산이 없어도 주택상승이 계속되므로 문제가 없다는 비현실적인 기대와 신용이 낮은 여러 상품들을 다시 묶어서 새로운 파생상품으로 만들어 판매하는 금융기법이 결합해 발생한 거품의 붕괴를 이른다. 주택담보대출의 부실이 파생금융상품으로 인해 증권회사나 투자은행은 물론 상업은행의 부실 및 파산으로 이어졌으며, 이는 미국에 국한되지 않고 거미줄처럼 얽힌 금융연계망으로 인해 세계적인 신용경색을 가져옴은 물론 실물경제 위기로까지 이어진 사태를 지칭한다.

로 상정하여 주택시장을 설명하는 방법도 있다. 만일 합리적 구매자라면 자신의 이익을 극대화하기 위해 주택구매에 영향을 주는 여러 요인들을 감안하여 주택보유에 따른 미래주택가격의 현재가치를 극대화하는 방향으로 의사결정을 할 것으로 가정할 수 있다. 반면에 합리적 인간의 가정 자체를 비합리적으로 보고 복잡계[6] 인간으로 상정하여 탐구하는 현대경제학의 또 다른 측면에서 본다면 내재가치와는 상관이 없는 비합리적 거품 현상도 설명이 가능하다. 이처럼 주택가격의 변동은 경제에 큰 영향을 줄 수 있으므로 그 영향요인을 보다 정밀하게 분석하고, 공급자, 소비자, 정부 등 각 경제주체들에게 제공함으로써 정보의 격차에 의한 가격왜곡을 해소하는 것은 큰 의의가 있다 할 것이다.

주택은 사용가치와 교환가치적 측면을 동시에 내재하고 있는 내구재이다. 이는 소비재로서의 효용성 측면으로만 접근해서는 주택가격이 결정되는 구조에의 접근은 한계가 있음을 시사한다. 자산으로서의 주택은 미래에의 자본이득을 염두에 둔 선택이 큰 부분을 차지한다. 이처럼 주택이라는 재화가 지니고 있는 양면성으로 인해 주택가격은 때론 비합리적으로 보이고, 근본가치의 개념으로 접근해서는 이해할 수 없는 현상이 발생하게 된다.

개별적인 주택가격의 형성 및 평가 분석에 대해서는 전통적인 감정평가 3방식인 비용접근법[7], 시장접근법[8], 소득접근법[9]과 입찰가경쟁이론[10],

6) 종래의 전통적 경제학의 견해가 하나의 원인에 대응하는 하나의 결과라는 단순한 관계 설정으로 합리적 인간을 전제로 한 것에 반해 인간은 본질적으로 감성에 의한 비합리적 요소를 가지고 있으며 현실세계에서 발생하는 갖가지 결과 역시 하나의 원인으로만은 설명하기 힘든 복합적 요소가 다양하게 얽혀 발생하고 있음을 전제로 하고 있다.

7) 감정평가 3방식 중의 하나로 원가법이라고도 하며 건물의 신축비용에서 감가상각액을 삭감하여 대상 부동산의 가치를 추계하는 방법이다.

8) 거래사례비교법이라고도 하며 대상 부동산과 유사성이 있는 다른 부동산의 거래사례를

헤도닉가격함수이론[11] 등이 있다. 이러한 부분에 대한 이론적, 실제적, 구체적 고찰에 대해서는 다음 기회에 심화과정에서 다루도록 할 것이다.

바탕으로 비교시점과 대상물건의 현황에 맞게 시점보정, 사정보정을 가하여 가격을 추계하는 방법이다.

9) 수익환원법이라고도 하며 장래 부동산으로부터 기대되는 소득을 시장으로부터 유도된 이율을 사용하여 현재가치로 환원하여 이를 대상 부동산의 시장가치로 평가하는 방법이다.

10) '주택서비스'란 '주택구성재'가 단위 시간당 생산해내는 서비스의 흐름을 의미하는데, 주택을 구성단위로 분리해 규정함으로써 주택문제에 대한 계량화를 통한 주택수요추정이나 질적 문제에 접근했다.

11) 전통적인 소비자이론에서는 소비자는 효용의 극대화를 추구하며, 이러한 효용은 구입된 재화로부터 직접적으로 창출된다고 주장하였다. 그러나 소비자가 원하는 것은 시장재(Market Goods) 자체가 아니라 오히려 특성(bundle of characteristics)을 획득하는 데 있다는 소비자 행동이론이 나타나며 전통적 경제이론을 확장했다. 이러한 상품특성접근법은 소비자들이 그들이 구매하는 재화를 특성들의 조합으로 인지한다는 것에서 출발한다.

제9절

주택가격 형성요인과 주거용 부동산 투자 전략

부동산에 대한 성공적 투자를 위해서는 그 부동산의 내재가치를 정확히 파악해 가격과 가치의 오차를 이용해 투자하는 것이 가장 안전한 길이다. 어떤 투자재이든 특정시점에서 가치를 초과해 가격형성이 되는 경우가 있고, 가치에 비해 가격이 낮게 형성되어 저평가된 경우도 있다.

실제 어떤 분야이든 장기적으로 성공적인 투자를 지속하는 사람들은 이러한 가치투자방법을 사용하고 있다. 부동산투자에서도 이러한 가치투자가 본격화될 것이다. 경매분야도 마찬가지다. 경매는 권리분석과정에서도 성공 · 실패가 나뉘지만 일반적인 수익은 사실상 부동산의 가치를 얼마나 잘 평가했는가에 달려 있다. 아무리 좋은 지역이라도 이미 그 가치만큼 가격이 형성되어 있다면, 오히려 가격이 정체 상태를 보이다가 하락할 수도 있다.

시장경제체제에 인간의 탐욕이 작동되어 거품이 양산되고, 가치와 무관한 가격이 형성되는 일은 여전히 존재할 것이지만, 앞으로는 현저히 감소할 것이다. 이제 가치를 무시하고 흐름과 감에 의존한 투자는 지양해야 한다. 아직도 주위를 둘러보면 '많이 배우면 투자 못한다.' '아무것도 모르는 사람이 투자만 잘하더라' 등 시대착오적인 말을 금과옥조처럼 여기는 이들이 많이 보인다. 산업화시대에는 과감성만 있으며 성과가 창출되었고, 정보화시대는 남보다 먼저 그 정보를 취득하면 돈이 되는 시대였다. 하지만 지금은 지식창조시대로 접어들고 있다. 정보는 누구나 손에 쥘 수 있지만, 그 정보를 가공해 그 이면을 볼 수 있는 능력을 기를 수 없다면 성공적인 투자는 할 수 없다. 이제는 지식과 정보를 융합해 판단할 수 있는 통찰력을 가진 사람만이 투자세계에서 승리하는 사람이 될 것이다. 기존 지식의 박제화가 빠른 속도로 진행되는 상황에서 개발정보만 파고드는 사람, 책만 보고 있는 사람, 현장경험이 중요하다며 현장만 다니는 사람, 이들 중 그 누구도 성공할 수 없는 시대가 도래했다. 이제는 노하우(KNOW HOW)가 아니라 노웨어(KNOW WHERE), 개발정보취득보다는 홍수를 이루는 개발정보를 취사선택할 수 있는 능력을 갖춘 사람이 성공하는 시대다. 이를 부동산시장에 접목해서 본다면 결국 부동산의 가치를 형성하는 요인을 파악하여 가치에 부합되는 가격의 형성 여부를 판단하는 것이 투자 성공의 핵심이다. 그렇다면 부동산 중 가장 대중적인 주거용 부동산의 가치는 어떻게 측정해야 할까? 어떤 주택이 미래가치가 높은 주택일까? 다음과 같은 사항에 주목해야 할 것이다.

1. 교통은 얼마나 편리한가?

실제거리, 시간거리, 의식거리, 운임거리를 모두 감안해야 한다.

가끔 신문에 삽지형태로 오는 아파트나 오피스텔 등의 전단광고를 보면 반드시 들어가는 문구가 있다. ○○역까지 5분거리, ○○역까지 300m, 더블역세권, 사통발달의 교통요지 등의 문구이다. 주거의 선택요인 중 교통편의성의 중요성을 감안한 마케팅 문구라고 볼 수 있다. 문제는 이때의 거리개념이다. 시간거리 개념에서 5분 거리는 운송수단이 중요하다. 자동차인지 도보인지, 대중교통인지가 중요하다. 자동차라면 출, 퇴근 시간인지, 심야시간대인지 등에 따라 교통편의성은 전혀 달라진다. 대중교통이라면 버스에 승차 후 5분 거리는 맞지만, 배차시간이 30분마다 오는 간격이라면 얘기는 달라진다.

실제거리를 나타내는 개념도 마찬가지다. 만일 직선거리라고 하면 도로구조나 여건에 따라 천차만별로 달라질 수 있다. 이를테면 역에서 곧바로 연결되는 직선 도로를 이용해 300m인지, 구불구불 연결된 골목길로, 실제로 걷는 도보거리는 800m지만 직선거리로 측정했을 때 300m라면, 가치측면에선 확연한 차이를 가져온다.

더블 역세권이라는 표현도 주의해야 한다. 더블 역세권은 사전에 나와있는 말이 아니라 마케팅용어로 사용되는 표현이다. 사실 이런 표현은 지하철 1호선과 2호선의 환승역이거나, 지하철과 KTX역이 근처에 붙어있거나 할 때 사용해야 한다. 그러나 현실적으로는 지하철역과 지하철역 사이에 어중간하게 위치한 아파트 단지 등에서 많이 사용하는 말이다. 이런 경우라면 특정 역 앞쪽에 붙어 있는 아파트보다 교통편의성 면에서는 불리하다고 봐야 한다.

운임거리는 거리상은 얼마 차이가 나지 않지만, 대중교통을 이용할 때, 시외요금을 적용받거나, 대리운전이 잘 오지 않고, 추가요금을 지불해야 하는 지역, 택시를 이용할 때, 정상적 미터기 요금으로는 갈 수가 없는 지역 등을 들 수 있다. 이런 경우 그만큼 부동산 가격은 감가되어 거래될 수밖에 없다.

의식거리는 매우 가까운 위치이나, 강, 하천 등으로 가로막혀 있거나 8~12차선의 광로가 가로막고 있는 경우 등이 해당한다. 이를테면 12차선 도로 맞은편으로 지하도로로 연결되어 있는 곳이라면, 직선거리로 불과

100m라고 하더라도, 길을 건너기 위해 걸어야 되는 거리도 길고, 시간도 많이 소요되며, 의식 면에서 부담을 주는 거리로 다가오게 된다. 현실적으로 이런 광로에 의해 가로막혀 있는 지역은 상권도 단절되는 경우가 대부분이다. 이외에도 행정구역이 달라지는 경계선상에 있을 경우 상대적으로 우위에 있는 지역과 열위에 놓인 지역 사이에서도 나타나는 개념이다.

만일, 실제거리가 가까워도, 시간거리, 의식거리, 운임거리가 멀다면 주택의 가치는 상당한 감가요인으로 작용할 것이다.

2. 지역의 소득수준은 어떠한가?

소득수준이 높은 계층이 모일수록 가격상승 가능성도 높아진다. 대부분의 사람들은 스스로 생각하는 계층과 비슷하거나 약간 높은 계층의 사람들과 어울리고 싶어 한다. 이때 사회적 계층 인식 측면에서 사람들은 실제 자신이 속한 계층보다 스스로를 조금 더 높게 보는 경향이 강하다. 따라서 주변 여건이 자신이 인지하고 있는 스스로의 계층보다 낮다면 더 높은 계층이 모여 있는 지역으로 이전하려는 욕구가 발생한다. 사회학적 측면에서 얘기하는 준거집단의 개념이다. 실제로도 나이가 들수록 승진이나 재산축적 등으로 사회적 계층 상승이 일어나는 경우가 많으므로 이러한 욕구는 더 강해진다.

상류층과 하류층 사이에 자리한 중산층 집단 거주지역이 있다면, 상류층과 가까운 접경지역의 주택가격이 하류층과 가까운 경계보다 비싸게 거래된다. 더불어 소득수준이 높은 지역 위주로 편의시설이 확충되고 학군도 더 좋아질 가능성이 높기 때문에 지역의 소득수준 파악은 주거용부동산투자에 있어 매우 중요하다.

3. 학군은 어떠한가?

대규모 아파트 밀집지역과 학군은 선순환 구조를 나타낸다. 학군이 좋아서 이주수요가 많이 발생하기도 하지만 대규모 아파트가 들어서고, 중산층 계층이 많이 이주하는 과정에서 사교육 시장의 확대와 함께 학군도 좋아지게 된다. 특히 신도시나 신시가지가 처음에는 자리를 잡지 못하지만, 학령기 아동이나 학생을 자녀로 둔 중산층이 이주하기 시작하면서 좋은 학군이 형성되는 경우가 많이 발생한다. 서울 목동이나 부산 해운대 등은 이러한 전철을 밟은 전형적 신시가지이다.

4. 단지규모는 적정한가?

대규모 단지는 편의시설과 관리비절감에 강점을 가지고 있고 상대적으로 환금성이 뛰어나 소위 말하는 '일등 프리미엄'이 붙게 된다. 한 가지 조심할 것은 예전과 달리 특정지역의 브랜드 대단지 아파트의 랜드마크 기능은 여전하지만 편의시설과 관리비절감에 대한 메리트는 점점 더 축소되고 있다는 점이다.

과거에는 대규모 단지가 비슷한 입지의 중소규모 단지보다는 가격이 10 ~ 20% 이상 차이가 나는 것이 가치적 측면에서도 타당했다. 하지만 최근에는 조금 다른 측면에서 바라볼 필요가 있다. 장점이 있는 반면에 상대적으로 번잡한 단점이 부각되고, 주변 편의시설이나 단지 내 편의시설 장점도 상대적으로 많이 사라졌다. 최근 웬만한 규모의 아파트가 들어서는 곳은 이미 상권이나 편의시설이 잘 형성된 곳이 대부분이다. 실수요자라면 굳이 비슷한 입지에서 대단지라는 이유로 필요 이상의 프리미엄을 지불할 필요는 없는 것이다. 물론 이때의 비교단지는 최소 300세대 이상은 되어야 하고, 설계가 효율적으로 이루어진 최근 10년 내에 지어진 아파트를 전제로

한 얘기다. 이정도 규모는 되어야 주택법에 의한 기본적인 편의시설이 모두 들어오게 되고, 관리비 규모도 큰 차이가 없기 때문이다. 이 이하의 규모나 오래된 아파트에서는 여전히 대단지 아파트가 관리비 및 편의시설에서 강점을 지니고 있으며, 재건축이나 리모델링 가능성에서도 유리하다.

5. 프라이버시가 보호되고 일조량과 조망권은 확보되는가?

자료 : 현대 힐스테이트 조감도

판상형 탑상형(타워형)

향, 층, 동간거리, 계절별 차이를 감안해서 접근해야 한다. 특히 우리나라는 남향 선호도가 압도적인 관계로 대부분의 아파트가 무리하게(?) 남향으로 설계되고 있다. 과거에는 소위 말하는 상자를 차곡차곡 일렬로 정렬해 놓은 순수 판상형 아파트를 남향으로 설계하려다 보니, 실제로 일조량의 장점은 살리지 못하고 오히려 조망권과 프라이버시만 침해받고 있는 경우도 있었다. 이런 아파트는 동간거리가 짧아 중간층 이하의 경우 현실적으로 남향이 가진 장점을 전혀 못 살리고 있음에도 남향이라는 이유로 다른 향에 비해서 가격이 더 높게 형성되고 있는 경우도 많다. 특히 2베이 구조로 되어 있어 안방과 거실만 남향이고 나머지 아이들 방과 주방은 북향이나 서향에 위치한 경우도 많아 무늬만 남향인 경우도 발생한다. 도시미관에도 안 좋은 점은 굳이 언급할 필요도 없을 것이다.

최근에는 도시미관을 고려해 순수 판상형 아파트는 사업승인을 내주지 않는다. 이러다 보니 단지 내에 탑상형과 판상형 아파트를 섞게 되는데, 일조와 환기, 동선 등의 사용편의성에서 유리한 판상형이 인기를 끄는 경우가 대부분이다. 단지 내에 혼합형으로 편성된 판상형은 동간거리도 충분해 과거에 비해 단점은 보완하고 장점은 살려 가치증진을 이룬 경우라고 하겠다. 타워형과 판상형 아파트의 유형과 장 · 단점은 아래의 그림에 잘 표현되어 있다.

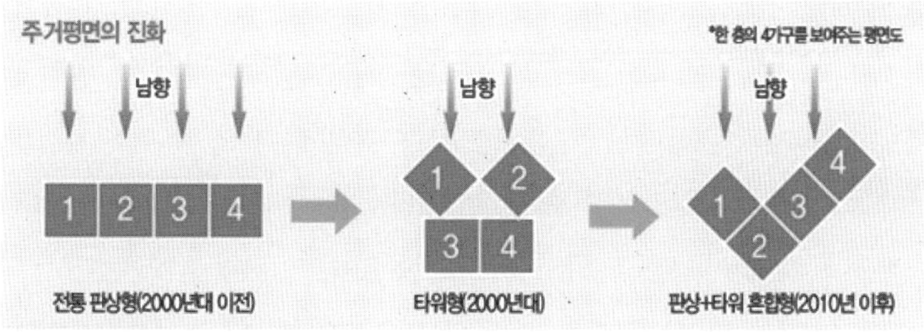

타워형 vs 판상형

	타워형		판상형
장점	· 독특한 평면 구조 설계 가능 · 미관이 우수한 편 · 동향, 서향, 남향, 남동향 등 다양한 방향으로 건설 가능	장점	· 전 가구 남향 배치 가능 · 남북으로 창을 만들어 통풍이 잘됨 · 건축비가 타워형에 비해 저렴한 편 · 남향으로 배치하기가 쉬워 햇빛이 잘 든다
단점	· 정남향으로 전 가구를 배치하기 어려움 · 앞뒤 면 발코니 설치가 어려워 통풍이 어려움 · 판상형에 비해 분양가가 비싼 편	단점	· 단조로운 건물 외관 · 조망권 확보에 어려움 · 동간 거리에 의해 일조권 크게 좌우 · 단지 내 소음, 환기 잘 안됨

자료: 매일경제신문

매일경제신문에서 나온 기사의 일부분이다. 실수요자는 본인의 선호에 따라 구조를 선택하면 될 것이고, 투자자라면 대중이 선호하는 유형을 선택해야 한다. 현재까지는 판상형이 다수가 원하는 타입이다. 결국 판상형의 장점은 탑상형의 단점이 되고, 탑상형의 장점은 판상형의 단점이 된다. 좀 더 설계와 건축기술이 발달한다면, 도시미관과 개인편의성을 모두 살린 타워형 구조에 판상형 생활이 가능한 아파트가 나올 것을 기대해본다.

탑상형 구조에서는 남향을 강조하기 위해 남동향, 남서향 등으로 최대한 남향 방면으로 많은 아파트를 배치하고, 있다. 문제는 이들 아파트의 상당수는 동남향, 서남향으로 해야 정확한 경우가 많다. 실질적으로는 동향, 서향에 가까움에도 불구하고, 살짝 남쪽으로 틀어놓고 남쪽이 주향임을 강조하는 경우도 있으므로 유의해야 한다. 실질적 정확한 방향을 확인하고 싶으면 현장에서 나침반으로 확인을 하는 방법도 있지만, 최근에는 네이버나 다음 등의 지도를 잘 활용해도 정확한 방향을 인지할 수 있다.

이렇듯 남향에 대한 짝사랑(?)은 여전하지만 최근 들어 향에 비해 상대적으로 중시되지 않던 조망권의 중요성이 높아지고 있다. 실수요자 측면에서는 막힌 남향 아파트보다는 탁 트인 동향 아파트가 훨씬 가치가 있을 수 있다. 이는 각종 재테크 강연에서 필자가 던지는 질문에서도 확인된다. "만일 당신이 평생 이사를 못하고 거주해야 한다면 조망이 확보되는 동향에서 살겠습니까? 다른 동의 아파트에 가려진 저층의 남향에서 살겠습니까? 거의 예외 없이 조망이 확보되는 동향으로 답변한다. 가치적 측면에선 당연한 답변이다. 앞동에 의해 가려진 뒷동의 중간층 이하는 일조량이 오히려 동향보다도 적고, 조망권을 확보할 수 없음은 물론 사생활 침해 문제까지 발생하는 경우가 허다하다.

과거 우리나라의 유별난 남향 선호 현상은 난방비를 절감하기 위해 자연

발생적으로 자리 잡은 관습이다. 하지만 상황이 많이 바뀌었다. 이제는 건축기술이 좋아져 그러한 제약에서 많이 벗어났다. 과학의 발달은 관습을 변화시킬 수도 있다. 남향의 장점인 햇볕을 완전히 대체할 수는 없지만 일정수준 이상의 일조량만 확보되어도 냉 · 난방 기술의 발달로 큰 애로는 없어졌다. 반면에 거실에서 바라보는 가로막힌 아파트와 시원하게 펼쳐진 강의 차이는 과학으로 극복할 수 있는 사안이 아니다. 결국 가격은 가치로 수렴한다. 같은 조건이라면 당연히 남향이 좋지만 막힌 남향보다는 하늘을 온전히 품을 수 있는 동향이 가치적 측면에서는 더 높을 수 있음이다.

6. 위해, 혐오시설의 유무와 자연환경의 쾌적성 등을 고려하자

과거 산업화시대에는 빠른 출근 늦은 퇴근에 주말에도 출근하는 경우가 많았다. 먹고사는 것 자체가 화두였다. 지금은 먹고사는 문제 보다는 '삶의 질'에 대한 문제로 접근해야 한다. 삶에 대한 방식과 태도 자체가 달라졌다. 과거 중산층이나 서민에게 인기 있는 주거는 무엇보다도 대중교통이 좋은 곳이었다. 특히 도시철도와 가까우면 금상첨화다. 지금도 마찬가지다. '같은 값이면 다홍치마'라고, 역세권이 좋은 것은 당연하다. 이제, 조금만 생각의 폭을 넓혀보자. 실제 대중교통을 거의 이용하지 않는 실수요 계층도 습관적으로 지하철역과의 거리를 많이 따진다. 추후 매도할 때, 가격형성을 고려하기 때문이다.

그런데 조금만 생각을 달리해보면, 대부분의 역세권 아파트는 상대적으로 소음, 먼지 등으로 쾌적성이 떨어지고, 조망권도 좋지 않다. 반면에 역세권에서 조금 떨어진 아파트의 경우 상대적으로 쾌적하고, 조망권이 좋은 경우가 많다. 상황에 따라서 선택요인이 달라지기 때문에 가격도 선호도에 따라 형성될 것이다. 주민소득수준에 따라서도 선호도는 달라질 것이며, 평형대별로도 달라질 것이다.

소득이 높아질수록, 여가시간이 많아질수록 지하철과의 거리보다는 주거의 쾌적성이 우선되어야 하고, 따라서 가격도 이에 부합하게 움직여야 한다. 하지만 현실은 그렇지 않다. 투자관성에 따른 선택이 계속되기 때문이다. 도시철도가 2분 거리에 있어서 상대적으로 더 비싼 아파트임에도 매일 새벽 지나가는 전철소리에 잠을 설친다. 그렇다고 일 년에 전철을 이용하는 경우는 몇 번 되지도 않는다. 이런 경우도 주위에서 흔히 보이는 풍경이다. 지하철역까지 5~10분을 걷기는 싫어하면서도 출근 전, 퇴근 후 없는 시간을 쪼개어 피트니스센터는 열심히 찾는다. 차라리 평소에 조금 걸어 다니고, 환경이 더 쾌적한 아파트에서 사는 것이 합리적이지 않을까? 관습과 생각이 바뀌면 가치를 바라보는 시각도 바뀐다.

제10절

아파트의 미래와 투자 유의점

필자가 성인학습자들을 대상으로 하는 강의에서 묻는 질문이다. 독자들도 마음속으로 답변을 하며, 생각해 보는 시간을 갖기 바란다. 법정단위인 m^2와 전용면적으로 분류해야겠지만, 일반인들에게 익숙한 24평형 이하 소형, 34평형 이하 중소형, 42평 이하 중형, 49평형 이하 중대형, 58평형 이상을 대형으로 분류해보자. 앞으로 어떤 평형의 아파트가 유망할까?

많은 경제전문가(금융전문가, 실물경제전문가, 연구원, 관련 대학교수 등)들은 각자의 입장에서 열심히 분석해 언론이나 강연 에서 의견을 피력한다. 그들의 주장을 정리해보면 다음과 같다.

1. 향후 유망한 아파트 평형은 어떤 평형일까?

(1) 어떤 전문가는 가구구조와 레버리지 효과를 강조하며 중소형 이하가 대세임을 얘기한다.

아래의 그래프를 참조하자. 실수요적 측면에서 볼 때, 과거와 달리 5인가구 이상은 급격히 감소하고 있고, 앞으로도 감소할 것이다. 더불어 한때,

가구 유형 변화

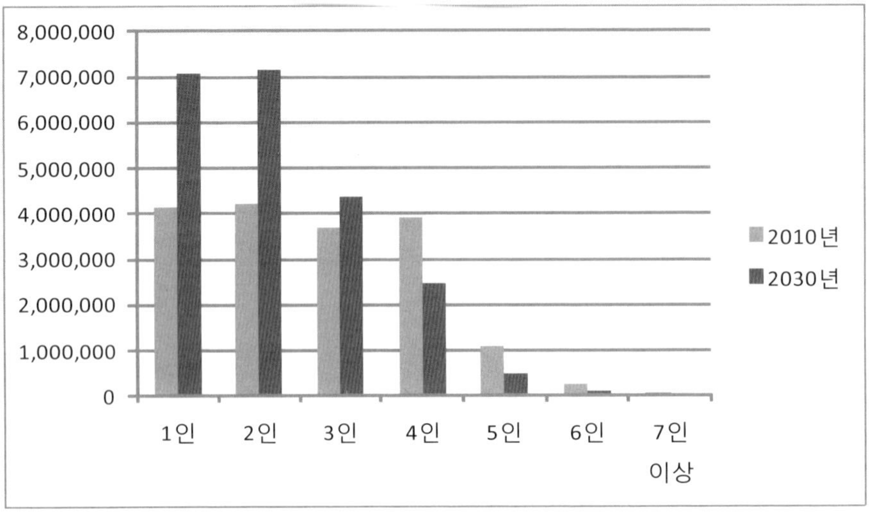
8,000,000
7,000,000
6,000,000
5,000,000
4,000,000
3,000,000
2,000,000
1,000,000
0
1인
2인
3인
4인
5인
6인
7인 이상
2010년
2030년

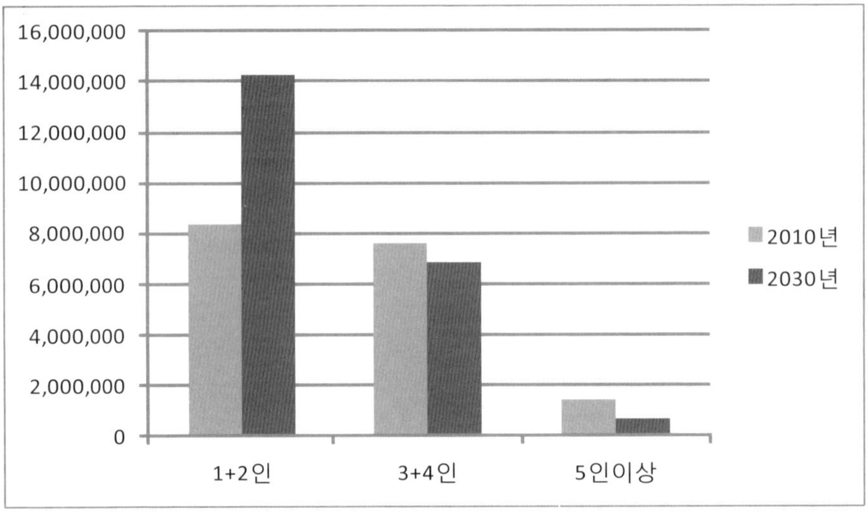
16,000,000
14,000,000
12,000,000
10,000,000
8,000,000
6,000,000
4,000,000
2,000,000
0
1+2인
3+4인
5인이상
2010년
2030년

아파트 평형 크기로 그 사람의 사회적 지위가 결정되는 과시문화도 많이 사라졌다. 투자수요 측면에서 볼 때, 매매가격 대비 전세가격 비율이 소형평형 일수록 높아 자기자본 비중이 낮다. 덧붙여 소형 평형일수록 환금성이 뛰어나다는 점을 고려하면 상대적으로 중소형 평형이 투자적 측면에서도 유리하다. 결국, 다른 조건이 일정하다면 사회, 문화, 경제적 측면 모두에서 중소형이 유리하다.

위 그래프를 보면 2010년에 비해 2030년에는 1, 2, 3인 가구는 증가세가 지속되고, 이 중 1, 2인 가구는 대폭 증가한다. 반면에 현재 가장 표준적인 주요한 가구유형으로 있는 4인 가구도 감소하고, 5인 가구 이상은 대폭 감소할 것으로 예측되고 있다. 만일 예측대로 진행된다면 중소형 주택 위주로 시장이 재편될 것임은 이론의 여지가 없을 것이다. 하지만 생각을 한번만 비틀어보자. 일단 가구유형이 예측대로 된다는 보장이 없다. 엄밀히 말하면 예측대로 흘러간다면 우리나라의 미래는 없다. 지금까지의 세계 최저출산 구조는 지속될 것이고, 혼자 사는 노인 인구는 급증하고, 통일이나 과감한 이민정책 등은 전혀 이루어지지 않고 있다는 얘기다. 이럴 경우 어차피 경제전체가 망가지게 되므로 이러한 논쟁 자체가 무의미하다. 개인적으로는 획기적인 출산 장려 정책이 나와 다자녀 가정이 늘어 5인 이상 가구도 예측과는 달리 감소폭이 크지 않을 수 있다고 본다. 만일 이 땅의 위정자들이 그러한 정책을 펼치지 않는다면 오직 '표'만을 생각하는 대중영합주의에 빠져 있다는 뜻이다. 복지강화가 포퓰리즘이 아니라 관련 계층이 아닌 사람들의 반발로 인한 표 잠식이 두려워 필요한 정책을 펼치지 않는 것이 진짜 포퓰리즘이다. 국민들의 인식도 바뀌어야 할 것이다. '내가 애들 키울 때는 그런 도움 없이도 잘 키웠는데... 억울하다' 등의 사고에서 벗어나야 한다. 시대가 변하면 사고도 바뀌어야 한다. 아이가 태어나지 않는 사회는 지속될 수 없는 사회다. 산부인과, 소아과, 기저귀, 아동복, 우유회사의 구조조정부터 시작해 그 파급효과는 계속 확대될 것이다. IMF이후

출산율이 더 떨어지며 곧 대학정원이 고교졸업자보다 많은 기이한 사회현상이 나타나게 된다. 이에 대비해 정부는 대학 구조조정과 더불어 평생학습사회로 전환하는 등 다양한 대책을 내놓지만 근본적인 해결책은 될 수 없다. 대학이 무너지거나 정원이 축소되면 대학과 관련된 산업도 위축된다. 단순히 대학교수나 교직원 문제에서 끝나는 것이 아니다. 현실은 어쩔 수 없는 상황이니 구조조정도 필요하고, 대안도 마련해야 한다. 하지만 미래에도 똑같은 실수를 반복해서는 안 된다. 당장 대학의 정원이 대폭 감소되면, 학교 앞 원룸이나 상권도 타격을 받을 것은 불을 보듯 뻔하다. 모든 사람들이 자신의 이기적 판단을 버리고 대승적 사고로 바라봐야 할 시점이다. 아름다운 이 땅에서 살아갈 후손들도 생각해야 하지 않겠는가?

필자는 믿는다. 사회적 합의에 따른 획기적인 저출산 대책이 나올 것임을... 더불어, 통일이나 이민정책 등의 변화 역시 발생할 것으로 보기 때문에 부동산시장의 장기적 상황에 대해 너무 민감하게 반응할 필요는 없다고 본다.

다음으로, 중소형 아파트가 유망하다는 주장은 우리나라 경제가 계속 성장한다고 전제한다면 논리적으로 문제가 생긴다. 예부터 내려오는 말이 있다. '같은 값이면 다홍치마', 이 말의 의미는 가격수준이 비슷하면 다홍치마를 택하겠다는 얘기이지, 가격과 무관하게 다홍치마를 택한다는 얘기는 아니다. 만일 중소형 주택의 가격이 너무 올라 중대형 평형과 차이가 별로 없어진다면 상당수는 이러한 논리로 중대형을 택할 가능성이 높다. 덧붙여, 소득이 높아지면 여러 가지 이유로 큰 평형에 대한 수요가 증가할 가능성이 높다는 점도 변수다. 누구나 여유만 된다면 서재를 갖고 싶고, 놀이방도 따로 마련해 주고 싶은 마음은 매한가지다.

(2) 다른 전문가는 최근 공급물량을 얘기하며 중대형 이상이 유망함을 얘기한다.

2,000년대 초중반은 우리나라 인구구조상 세 자녀 이상을 가진 베이비부머들이 실수요 측면에서 중대형 이상이 필요할 시기였다. 건설사들도 상대적으로 수익성이 높은 중대형 평형의 공급에 주력해 중대형 평형이 집중 공급되었고, 가격상승 폭도 더 좋았다. 하지만 2008년 미국의 서브프라임 모기지 사태로 인한 경제불안과 베이비부머 세대 자녀들의 출가로 인한 가구분리와 맞물려 중대형 아파트의 수요는 감소했다. 거꾸로 분양가 상한제를 앞두고, 2007년까지 사업을 준비한 많은 건설사들은 '밀어내기 분양'은 물론이고 그중에서도 중대형 아파트의 공급비중을 대폭 늘였다. 이는 곧바로 날개 없는 시세하락으로 이어졌다. 이때 단단히 고생한 대부분의 건설사들은 이후, 실수요자 층이 두터운 중소형 평형 위주의 공급에 집중했다. 이 여파로 최근에는 신규 분양아파트의 경우 오히려 중대형 아파트가 부족한 실정이다. 전체 물량과 사회구조 측면을 고려하면, 2000년대 중반까지 많이 공급된 영향으로 눈에 띄는 부족함은 느끼지 못하지만, 최근 같은 추세가 지속될 경우 결국 중대형 새 아파트는 매우 귀해질 것이며, 수급불일치로 인한 가격 상승이 예상된다.

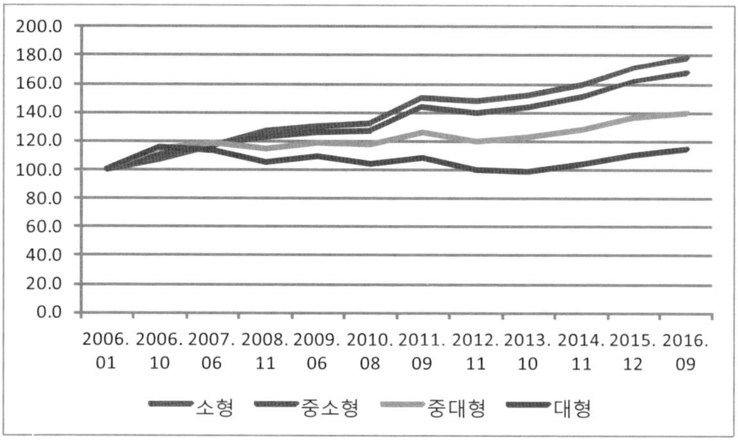

위 그래프는 2006년 1월을 100으로 해서 이후 최근까지의 평형별 전국아파트 실거래가 지수 추이다. 소형, 중소형, 중대형, 대형 순으로 가격상승폭이 컸음을 알 수 있다. 하지만 10년 뒤에 2017년 1월을 기준점으로 잡아 다시 그래프를 그려보면 중대형, 중소형, 소형, 대형 순으로 그래프의 움직임이 변할 수도 있음을 인지하고 시장을 바라봐야 될 것이다.

(3) 또 다른 전문가는 사회구조 변화를 근거로 주거용 부동산시장의 한계를 거론하고, 수익형부동산시장으로의 트렌드 변화를 얘기한다.

55년생에서 63년생을 일컫는 베이비부머 계층은 은퇴 후 부족한 생활자금을 수익형 부동산으로 메우려 할 것이라 예측되고 있다, 특히 상대적으로 부동산 자산, 그중에서도 주거용 부동산에 대한 자산편중이 심한 현실을 감안하면 더욱 그러하다. 실제 최근 몇 년 동안 저금리를 바탕으로 수익형 부동산에 대한 관심 상승에 따른 가격상승이 이루어졌다. 이 부분은 추후 수익형 부동산 파트에서 따로 볼 것이지만, 중장기적으로 볼 때는 상당수 수익형 부동산은 주거용 부동산보다도 훨씬 더 리스크가 클 것으로 예측된다.

(4) 특별한 전문가(?)는 외국사례를 근거로 부동산시장의 종말을 거론하고, 부채축소, 현금 확보를 부르짖는다.

이미, 5장에서 본 것처럼 외국과 단순히 비교하는 발상은 매우 위험하다. 하지만 특단의 변화가 없는 한 가구구조와 주택보급률을 예상해봤을 때 앞으로 10년 후에는 현실이 될 수도 있다. 하지만 계속해서 언급하지만, 이미 알고 대비하고 있는 위험은 위험이 아닌 경우가 많다. 빠르게 진행되는 고령화와 인구감소를 막기 위한 대책이 그 사이에 나올 것으로 판단한다. 만일 현 상태가 10년 후까지 특단이 변화가 없이 유지되는 상황이 지속되면 그 후는 답이 없다는 것에 필자도 동의한다. 이런 주장을 펼치시는 분들은 이미 한 번 큰 실수를 범했는데, 2000년대 중반부터 우리나라 부동산의 폭락이 올 것이라 예측하신 분들이 많았다. 하지만 폭락은 오지 않았고, 대부분 재상승했으며, 일부 지방은 2, 3배 폭등했다. 그러한 주장이 나온 이유는 첫째, 외국의 사례가 바탕이 되었을 것이다. 둘째는 인구, 가구, 주택보급률 등의 각종 통계가 기반이 되었을 것이다. 첫 번째에 대한 문제점은 이미 5장에서 봤고, 두 번째에 대한 논지는 이 책의 제일 마지막 장에서 다룰 것이다. 정보화사회가 빠르게 진행될수록 제공되는 정보의 근저와 정확도를 판단할 수 있어야 성공할 수 있다.

위에서 본 것처럼 모두 자타공인(?) 전문가인데, 틀린 말은 누구도 없다. 전문가들도 이렇게 제각각인데, 전문가 아닌 나는 누구 말을 들어야 할까?

모두 옳고, 모두 그르다. 이 무슨 황당한(?) 말인가 싶지만 이것이 진리다. 결국, 시간을 단기, 중기, 장기 어느 곳에 놓고 보느냐와 지금 상황 그대로 시간이 흘러갈 것이라는 전제를 두고 예측하느냐와 아니면 미리 대비해 대응책이 나오는 과정에서 변화가 생길 것으로 보고 판단하는가의 차이다.

2. 신평면설계, 유비쿼터스 시스템 적용 여부를 감안해야 한다

과거 아파트는 주거측면 못지않게 투자측면이 고려된 관계로 실수요 편의성보다는 환금성과 시세차익에 우선순위가 주어졌다. 하지만 앞으로는 실수요 위주로 시장이 형성되면 실수요 편의성이 높은 단지일수록 가격 상승이 이루어질 가능성이 높다. 즉, 과거 입지의 중요성이 80%를 차지했다면 이제 입지의 중요성은 상대적으로 낮아지고, 그 감소분만큼 평면설계의 메리트와 주거 편의성이 차지할 것이다. 생각해보자, 비슷한 입지의 집에서,

엘리베이터를 가정 내에서 호출할 수 있어, 현관문을 나서면 엘리베이터가 대기하는 아파트와 허둥지둥 현관문을 박차고 나간 출근길에 방금 내려간 엘리베이터를 기다리며 초조해하는 구형 아파트 어느 쪽의 가치가 점점 더 올라가겠는가? 저녁 늦게 퇴근해 빈자리를 찾아 이리저리 주차장을 돌다가 어느 곳에 주차했다. 다음 날 서둘러 출근하려는데, 몇 층에 주차하고, 어느 코너에 주차했는지 생각이 안 난다. 또 하나의 아파트는 저녁에 주차하며 벽에 붙어 있는 주차인식시스템에 터치를 하니, 주차 위치가 정확히 나오고, 엘리베이터까지 내려와서 기다리고 있다. 앞으로 어느 아파트의 가치가 올라가겠는가? 설계의 부적절로 같은 평형인데도 수납공간이 적어 가구나 짐을 놓을 수가 없고, 어딘가 모르게 좁다. 다른 아파트는 효율적 평면 설계와 서비스 공간 제공으로 상대적으로 여유가 있다. 어느 아파트의 가격이 더 높게 형성되겠는가?

3. 전용율과 계약면적에 집중하자, 이제 분양면적과 평당 가격은 잊어버리자

과거 건설사들이 상대적으로 평당 가격을 낮출 수가 있어 분양평형으로 가격을 표기하고, 이것이 관행화되었다. 지금은 도량형을 m²를 사용해야 하고, 면적표기도 분양면적이 아닌 전용면적으로 해야 하지만 대부분의 건설사들은 여전히 112m²(구 34평형) 등의 형식으로 분양평형을 강조한다. 전용면적으로 표기하는 것에 비해 평당 가격이 많이 낮아지는 효과가 있고, 소비자들이 평형 표기에 익숙하기 때문이다. 더더욱 문제되는 것은 32평형이나 35평형이나 전용면적은 85m² 이하로 같은 아파트임에도 불구하고, 크기가 다른 아파트로 착각하는 사람이 많다는 점이다. 오히려 35평형은 설계 등의 문제로 공용면적이 지나치게 많이 빠지는 경우라고 볼 수 있어 설계의 효율성이 떨어진다고 봐야 할 경우도 많다. 그렇지만 평당 가격으로 따지면 상당히 저렴해지는 효과가 발생해 더 싼 가격의 아파트로 인식되는 문제점이 있다. 일반 소비자들의 가격 착시 현상이 발생하는 것이다. 특히 오피스텔의 경우 전용률이 천차만별이므로 더욱 주의해야 한다. 전용면적이 같을 경우 전체 가격으로 접근해야 올바른 판단을 할 수 있다. 전용면적 다음으로 중요한 것은 분양면적이 아니라 계약면적, 즉 공급면적이다. 공급면적에는 커뮤니티 시설과 주차장 면적 등이 포함되므로 이 면적이 많을수록 실제 주거효용이 높아진다.

4. 미분양의 원인을 파악하자

지금은 경기가 좋아 미분양이 커다란 이슈가 되지는 않고 있다. 하지만 경기는 순환하고, 그 과정에서 필연적으로 공급과잉 사태를 초래하며 미분양이나 미입주가 뉴스에 오르내릴 것이다. 보통 미분양은 비역세권, 인근의 혐오시설, 소규모 단지, 고분양가 등 팔리지 않는 이유를 지니고 있는 경우가 많다. 하지만 경기침체나 일시적 공급과잉 등 외부적 변수로 인해 발생한 미분양은 시간이 지나면 본연의 가치를 회복하므로 아파트 자체 및 주변 환경에 의한 미분양인지, 대외적 경기와 수급상의 불일치에 따른 미분양인지를 구분할 필요가 있다. 미분양아파트는 분양가 할인, 각종 금융혜택, 발코니 확장 등 다양한 혜택이 있기 마련이다. 같은 값이라면 다홍치마라고 이러한 혜택을 관심단지별로 비교해 금전적 가치를 따져볼 필요가 있다. 이때 주의해야 할 점은 이러한 혜택이 선택의 주가 되면 소탐대실의 우를 범할 수도 있다는 것이다.

미분양 아파트에 대해 판단할 때는 개발호재, 교육여건, 교통, 자연환경, 유통시설, 브랜드, 단지규모 등의 체크리스틀 만들어 주변에 있는 선도급 아파트들과 비교해보자. 이러한 체크리스트를 작성해 객관적으로 계량화 후 비교해보고, 실수요자의 경우 본인에게 더 중요한 사항에 관해선 가중치를 둬서 분석해보면, 좀 더 객관적으로 접근 가능할 것이다.

5. 분양시점과 입주시점, 매매가격변동률 사이의 상관관계를 활용하자

실수요 목적이나 투자목적으로 특정 아파트를 염두에 두고 있다면, 여러 가지 입지요인이나 개별 아파트에 대한 장 · 단점 분석은 거쳤을 것이다. 이후는 매입시기이다. 이 시점은 경기상황, 지역의 수급현황, 당시의 부동산 정책 방향, 금리의 움직임, 심리, 매매가격대비 전세가격 비율 등 많은 지표에 따라 매입 시기는 달라진다. 특히 애초 당첨이 되었거나 미분양 물량을 선착순으로 매입했다면 모르지만, 분양권을 프리미엄을 주고 매입할 때는 상당히 신중해야 한다. 잘못하면 소위 말하는 상투를 잡을 수도 있기 때문이다. 아래의 그래프를 보면 약간의 시차가 생기는 경우는 있어도, 대부분 입주물량이 적정수준을 넘어서게 되면 매매가격은 조정을 보이고 있다. 부산뿐만 아니라 대부분의 지역에서 비슷한 결과가 나오므로 참고하기 바란다.

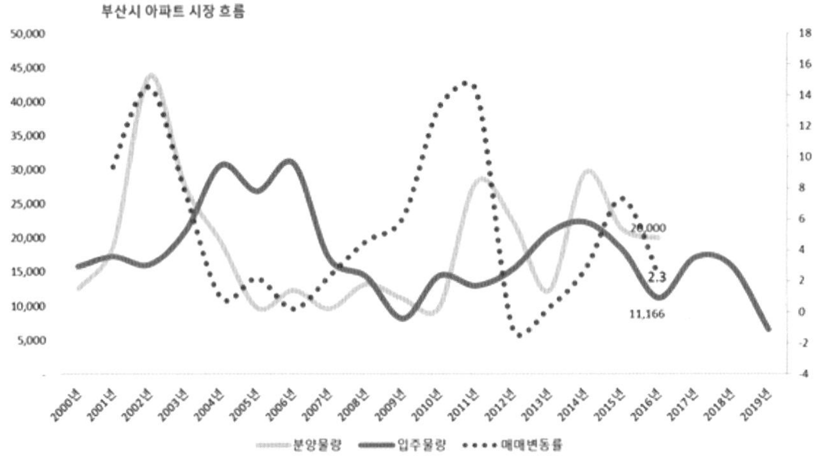

자료출처 : 부동산왕초보탈출기(산지니, 2015)

제11절

상권분석과 수익형 부동산 투자

고령화시대는 수익형 부동산이 각광받을 것이라고 한다. 은퇴 후 소득 없이 살아야 하는 기간이 늘어날수록 매달 소득이 발생하는 연금과 수익형 부동산에 대한 관심이 증가될 것임은 이론의 여지가 없다. 하지만 이 상식을 조금만 비틀어보면 이상한 점을 발견하게 된다. 수익형 부동산의 가치를 형성하는 일반적 요인을 먼저 살펴본 후, 조금은 다른 시각에서 수익형 부동산의 미래를 예측해보도록 하자.

1. 상권분석

상권이란 영업력이 미치는 범위, 즉 고객이 존재하는 시간적, 공간적 범위를 말한다. 상권분석은 상권 전체의 성격과 특성 및 성숙도를 분석하는 것이다. 효율적인 상권분석을 위해서는 아래의 도표 속에 있는 내용을 하나하나 조사 및 파악해야 한다. 대학에서는 상권을 위주로 한 부동산입지 선정 과정만으로도 한 학기 과목이 편성되므로 이러한 내용을 모두 다룰 수는 없다. 유의할 사항은 상권 조사를 형식적으로 거치는 것은 아무런 의미가 없다는 점이다. 이를테면 유동인구 조사를 시행하며 통행인 숫자만 기록하고 있어서는 안 된다. 부동산 투자목적이든, 창업목적이든 시간대별, 요일별, 날씨별로 구분된 조사가 필요하다. 또한 연령대 및 성별이 정확하게 파악이 되어야 유형에 맞는 업종을 선택할 수 있고 상권의 성쇠를 예측할 수 있다.

상권 분석 항목

인구통계 조사	1차, 2차, 3차, 상권별 인구 및 세대수, 소득수준, 주거형태, 주거면적, 주요 직업군 등에 대한 통계 조사
유동인구 조사	유동인구 특성 조사(성별, 요일별, 연령별, 시간별, 통행성격)
지리, 교통조사	대상 점포 입지 부근의 지도, 항공 지도 등을 이용하여 간선도로망 확인 및 현장조사로 교통 흐름과 동선 조사, 대중교통 편의성 및 주변 주차장 현황
경쟁시설 조사	상권 내 경쟁점포 조사, 유사점포 조사, 데형소매점의 영향력
상권 경쟁력 조사	상권의 수명 주기상 현재 위치(형성기, 성숙기, 쇠퇴기, 천이기), 업종변화, 점포 인근 임대료와 권리금 조사

소상공인창업지원센터 등에서 제공하는 상권분석 자료도 좋은 참고자료가 되지만 반드시 직접 위의 항목들을 조사한 후에 검정 및 비교자료로서만 활용해야 한다. 이를테면 통행인 숫자가 비슷하게 조사되더라도 직접 조사하는 과정에서 통행자의 보폭 및 속도와 걸음걸이에서도 목적형 유동인구와 단순 통과형 유동인구가 구별된다. 당연히 비슷한 유동인구라도 목적형 유동인구가 많아야 한다. 상권분석과 관련해서는 외국의 이론이 국내에 많이 소개되고 있으나 도시형성구조와 문화적 차이로 인해 실제 우리나라에 적용하기에는 무리가 따른다. 대학교재나 관련 자격증 시험에 나오는 상권 및 입지분석 이론은 국내에 적합한 분석모형을 개발하거나 참고하기

위한 방안 정도로 활용하는 것이 좋다.

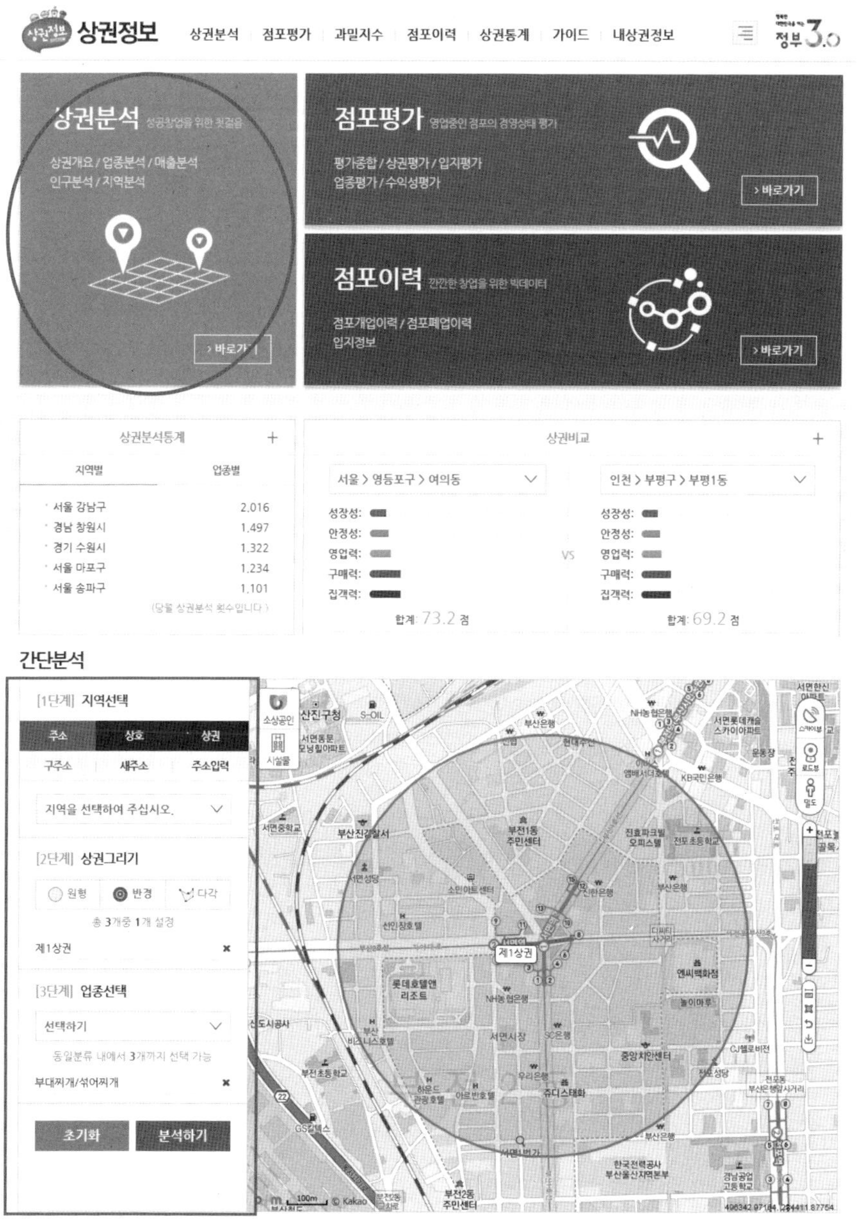

앞의 그림은 소상공인 창업지원센터에서 제공하는 상권정보시스템의 메인페이지와 상권분석 화면이다. 상권분석부터 점포평가와 이력까지 확인할 수 있다. 상권분석 파트의 바로가기 부분을 클릭해서 들어가 보자. 임의적으로 부산의 중심가인 도시철도역 서면역을 중심으로 해서 상권반경을 500m로 잡고 부대찌개집에 대해 분석해보았다. 좌측 부분에 있는 1단계, 2단계, 3단계 내용에 주소와 상권범위설정, 업종 설정을 차례대로 해주면 다음과 같은 분석결과가 제공된다. 상권유형은 주택상업지역(저밀, 중밀주거지역 내 상업시설이 밀집된 지역. 주로 저층주택 중심지에 형성된 상업중심지역(예: 서교동, 자양동 일대, 지방도시 중심지)이며, 가구수는 4,924세대에 인구수는 8,630명으로 거주인구는 많지 않다. 반면에 직장인은 115,000여명에 달해 오피스 건물이 밀집된 곳임을 알 수 있다. 주요시설과 집객시설도 반경 내에 500곳이 넘어 지방 중심상권의 지위를 차지하고 있다.

설정한 상권을 포함해 동일 구, 부산 전체에서 부대찌개집이 증가하고 있음도 확인된다.

실제 상권분석 시스템을 이용해 상권의 범위를 특정할 때는 상권을 도보로 돌아보고, 점포의 연계성이나 유동인구 동선을 파악한 후, 분석 대상 점포가 위치한 상권의 특성에 맞추어 상권범위를 특정해야 한다. 이렇게 실제조사와 분석시스템을 상호보완해서 활용하면 보다 현실적인 자료를 파악할 수 있다.

예를 들어 필자는 지하철역을 중심으로 상권의 범위를 측정했지만, 실질적인 상권은 지하철 특정 출구를 중심으로 한쪽 방면으로 활성화된 상권이 형성될 가능성이 높다. 그럴 경우에는 임장활동을 통해 그 상권의 범위를 먼저 특정한 후 지도상에서 상권의 범위를 확정해 자료를 얻어야 할 것이다

상권 주요 정보 요약

상권명	상권 유형	면적	가구수	인구수		주요 시설수	집객 시설수	상가/업소 수			
				주거인구수	직장인구수			전체	음식	서비스	도/소매
제1상권	주택상업지역	785,398㎡	4,924	8,630	115,619	545	559	6,763	3,024	875	2,864

TIP 선택상권별 인구/업소/시설의 요약정보를 통해, 각 상권별 특징을 확인하고 비교하실 수 있습니다.

상권유형 설명

유형	설명
고밀도주거지역	거시설밀도가 매우 높은 지역으로, 주로 고층 아파트 밀집 지역
중밀주거지역	상업, 업무시설 밀도가 매우 낮으며, 빌라, 저층아파트 가 밀집된 지역. 또는 적은 수의 고층아파트가 있는 지역
저밀주거지역	상업, 업무시설 밀도가 매우 낮으며, 주거시설밀도가 낮은 지역(단독주택 밀집지역)
고밀주거상업지역	고밀주거지역 중 상업시설이 밀집된 지역. 주로 고층아파트 밀집지역에 형성된 상업중심지역(예: 삼성동, 사당동 일대)
주택상업지역	저밀, 중밀주거지역 내 상업시설이 밀집된 지역. 주로 저층주택 중심지에 형성된 상업중심지역(예: 서교동, 자양동 일대, 지방도시 중심지)
상업지역	주거시설밀도가 매우 낮고 상업시설이 밀집된 지역(예: 서울 명동, 부산 남포동 등)
고밀주거업무지역	고밀주거지역 중 업무시설이 밀집된 지역. 주로 고층아파트 밀집지역에 형성된 업무중심지역(예: 목동, 서초, 도곡동 일대 등)
주택업무지역	저밀, 중밀주거지역 내 업무시설이 밀집한 지역. 주로 저층주택 중심지에 형성된 업무중심지역(예: 여의도, 문래동 일대)
업무지역	주거시설밀도가 매우 낮고 업무시설(오피스 등)이 밀집된 지역(예: 여의도, 서초동 일대)
복합지역	주거시설밀도가 매우 낮으며, 상업시설 및 업무시설밀도가 매우 높은 지역(예: 종로, 강남역 일대 등)
공업지역	공장지대
기타지역	주거, 상업, 업무, 공업 어느 타입에도 속하지 않는 지역. 주로 산, 수계, 전답 등

· 선택업종 추이_(제1상권) 업소위치보기 >

업종	2014년06월	2014년12월	2015년06월	2015년12월	2016년06월	2016년11월
부대찌개/섞어찌개	13	10	10	12	14	14
합계	13	10	10	12	14	14

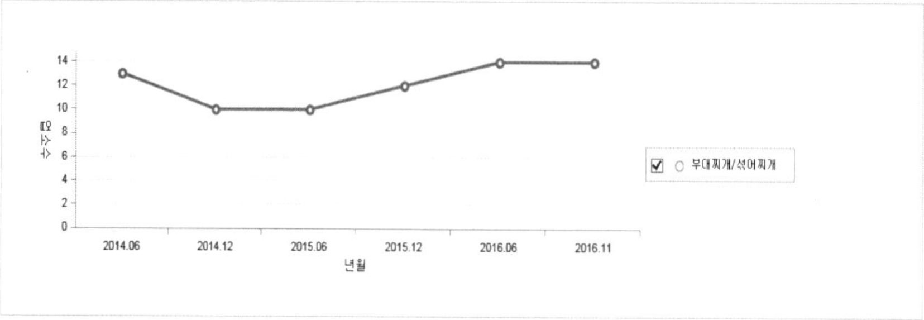

· 행정구역별 선택업종 추이

업종	지역	2014년06월	2014년12월	2015년06월	2015년12월	2016년06월	2016년11월
부대찌개/섞어찌개	전국	4,926	4,841	4,884	5,578	4,928	5,567
	부산	165	153	155	180	162	193
	부산진구	23	20	19	24	27	29

카드사의 2016년 9월 매출액을 기준으로 한 분석결과를 보면 필자가 선택한 상권의 부대찌개집은 평균적으로 월 4,146만 원의 매출이 발생하는 반면에 인근에 있는 주요상권에서는 월 2,633만 원의 매출이 발생하고 있다. 반면 건당 매출액을 기준으로 했을 때는 해당 상권이 1건당 20,633원에 비해 인근 경쟁 상권은 건당 23,099원으로 더 높음을 알 수 있다.

상권정보시스템은 간단 상권분석 외에도 상세 상권분석, 점포평가, 점포이력 확인 등 많은 정보를 확인할 수 있는 정보의 보고다. 현재는 빅데이터 시대이다. 물론 통계자료에 의한 분석으로만 모든 것을 해결할 수 있는 것은 아니다. 하지만 과거와 달리 엄청난 정보가 제공됨에도 불구하고, 과거의 관습에 젖어 '감'으로만 판단하거나, 현장조사로만 상권을 판단하는 것도 옳지 않다. 상가임대에 관심을 가지고 있거나, 직접 창업을 마음에 두고 있다면, 사전에 이러한 자료를 충분히 확인한 후에 현장조사를 나가야 차이점을 비교, 대조해볼 수 있다. 염두에 둔 상권과 점포에 대해 이러한 몇 번의 비교작업을 거친다면 막연하기만 했던 상권에 대한 개념이 잡히기 시작할 것이다.

매출비교

(출처 : 카드사, 2016년 09월기준)

· 월평균 **매출액 비교**

· 제1상권

(단위 : 월, 만원)

업종	선택상권	유사상권	인근주요상권
부대찌개/섞어찌개	4,146	4,146	2,633

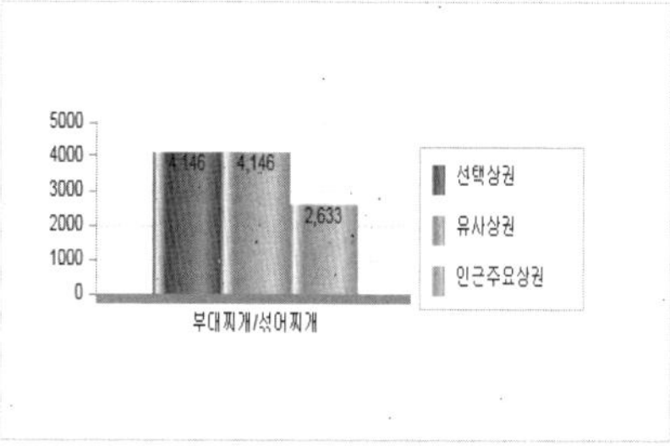

TIP 매출분석은 배후지를 포함한 상권으로 분석됩니다. 지도보기 >

인근주요상권은 부산 부산진구 서면역_4입니다. 인근주요상권보기 >

· 건당 **매출액 비교**

· 제1상권

(단위 : 월, 원)

업종	선택상권	유사상권	인근주요상권
부대찌개/섞어찌개	20,633	20,633	23,099

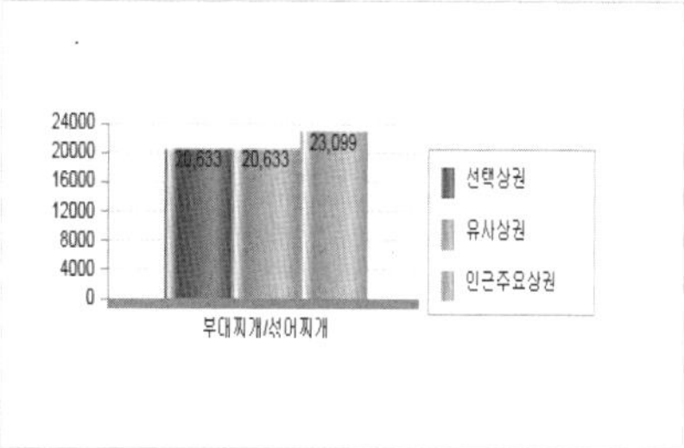

2. 입지분석

입지는 상권에 비해 좀 더 국소적 측면으로 가시성, 인지성, 접근성을 총괄적으로 표현하는 특정 공간에 대한 개념이다. 좋은 입지와 나쁜 입지는 아래 도표와 같은 형식으로 분류해볼 수 있다.

입지분석

좋은 입지	나쁜 입지
유동인구가 많고 모이는 입지	상권 형성이 미숙한 초기의 신도시(선점효과?)
퇴근길의 주 통행로 동선 상에 위치	점포 맞은편에 건물이 없는 입지
지하철의 주출입구 근처	주변에 빈 점포나 공터가 많은 입지
주차가 용이한 곳	보도 폭이 너무 좁은 곳
평지 또는 경사지의 아래쪽 입지	주변 도로에 불법주차 차량이 많은 곳
상권의 진입로 주변	주변 도로가 너무 더러운 곳
주변에 노점상들이 많은 입지	주변부 주택지로 상가가 지나치게 확장되는 곳
주변에 인지도 높은 건물이 있는 입지	넓은 차도로 상권이 단절되는 곳(4차선 이상)
주변부에 적정한 권리금이 형성된 입지	권리금은 저렴하고 임대료는 비싼 입지
중개사무소가 많은 입지	주변에 식당이 없는 곳
주변에 공실이 거의 없는 입지	주변 가게의 간판이 지나치게 낡은 곳

유의할 것은 위 도표에서 좋은 입지와 나쁜 입지로 분류했지만, 이는 일반적인 경우를 말하는 것이고, 구체적 입지와 업종, 상황에 따라서는

좋은 입지와 나쁜 입지는 뒤바뀔 수도 있다. 상권과 입지는 유기체처럼 끊임없이 변화한다. 현재 좋은 상권이나 입지라도 앞으로는 어떻게 변화될지 알 수 없으며 변화의 속도 또한 점점 빨라지고 있다. 특정시점에 상권을 면밀히 분석했더라도 상권의 움직임에 대한 지속적인 관찰이 필요하다. 만일 상권의 변화가 일어난다면 개인의 힘으로 극복할 수 없는 경우가 대부분이므로 빠른 시일 내에 빠져나오는 출구전략이 최선인 경우가 많다. '당랑거철'이라고 사마귀가 수레바퀴를 막을 수는 없는 법이다.

3. 수익형 부동산 투자 분석 기법과 수익률 계산

실제 부동산 투자를 하기 전에는 여러 가지 투자이론에 대한 공부가 필요하다. 특히 수익형 부동산은 사업수지분석이 반드시 선행되어야 한다. 이를 위해서는 화폐의 시간적 가치에 대한 이해를 바탕으로 투자분석기법과 관련된 다양한 이론을 이해할 필요가 있다. 투자의 의사결정과 자본의 투여는 현재에 발생함에 반해 그 대가는 의사결정과 비용투입 이후에 발생하기 때문이다. 현재의 1,000만 원과 1년 후의 1,000만 원의 가치는 명목상으로는 동일해 보이지만, 실질적으로는 현재의 1,000만 원의 가치가 더 높다. 시간이 지나가면 저절로 발생하는 무위험수익률인 국고채 수익률이나 은행 정기예금 수익률만큼은 최소한 가산될 것이기 때문이다. 이러한 무위험수익률은 경기상황에 따라 달라지기 때문에 화폐의 시간가치도 미래 경기예측에 따라 달라진다. 개별투자자산의 위험에 따라 위험프리미엄도 다르겠지만, 예상되는 물가상승률에 따라 무위험수익률 또한 달라질 수 있는 것이다. 이를테면 IMF 당시에는 제1금융권의 정기예금 이자도 한때 20%를 상회하던 시절이 있었다. 이 당시는 은행정기예금도 일정부분 위험프리미엄이 붙었겠지만, 그만큼 경기상황에 따라 무위험수익률도 급변할 수 있다는 점이다.

주먹구구식의 부동산 투자에서 벗어나 보다 합리적 투자를 위해서는 기본적인 수익률 계산이 가능해야 한다. 수익률은 비용으로 추계되는 투자자금 대비해서 수익이 얼마나 발생 가능하냐는 개념이다. 이때 대부분의 아마추어 투자자들은 어림셈법을 사용한다. 이를테면 10억을 투자했는데, 월세가 500만 원씩 들어오면 연 6,000만 원의 수익을 기대할 수 있다. 이를 투자대금 10억으로 나누어주면 연 6%의 수익률이 나오게 된다. 만일 타인자본인 대출을 활용한다면 투자수익률은 변하게 된다. 대출이자보다 월세가 많이 들어온다면 종합수익률에 비해 내가 투자한 지분수익률이 더 높게 나올 것이다. 이른바 레버리지 효과다. 위 사례에서 만일 대출이자가 연 3%라고 가정하면 연 6%의 월세와 연 3%의 이자와의 차액이 수익으로 추가된다. 이런 경우 대출자금이 많으면 많을수록 수익률은 상승한다. 만일 투자자금의 절반인 5억을 대출했다면 연 이자지급비용은 5억의 3%인 1,500만 원이 될 것이고, 지분대비 투자 수익률은 5억을 투자해서 6천만 원의 연수익이 발생하고, 1,500만 원의 이자비용을 지불하면, 총 4,500만 원의 수익이 발생한다. 전액을 자기자본으로 투자했을 때에 비해 타인자본을 활용해 투자하면 레버리지효과로 인한 수익률이 대폭 상승하게 된다.

지분수익률 = 월세수익 - 대출이자지급비용 / 지분투자액
9% = (6,000만 원 - 1,500만 원) = 4,500만 원 / 5억

하지만 이런 방식으로 수익률 계산을 한 후 부동산을 매입하게 되면 대부분 실제 수익이 기대에 미치지 못하게 된다. 그 이유는 크게 세 가지다.

먼저, 들어오는 수익은 계산이 되었지만, 영업경비 등 나가는 비용이 제대로 측정되지 않았기 때문이다. 이에 대해서는 다음 장에서 다시 살펴보도록 하겠다. 그다음은 현재 받는 월세가 앞으로도 계속 유지될 것이라고

판단했지만, 경제 사정이나 구체적 입지 요인 변동으로 인해 월세가 하락하는 경우이다. 마지막으로 화폐의 시간가치를 고려하지 못했기 때문이다. 부동산 투자의 결정과 투입비용은 현재시점에서 이루어지나 이로부터 얻어지는 운영수익이나 매각수익은 미래의 시점에서 실현된다. 현재가치와 미래가치는 다르다. 현재의 확실한 소비를 희생해 미래의 불확실한 수익을 추구하는 행위가 투자이다. 이는 시간에 대한 대가와 불확실성에 따라 파생되는 위험에 대한 대가가 필요함을 의미한다. 내 호주머니에 있는 확실한 종자돈을 불확실한 미래를 보고 세상으로 내보내는 것이기 때문이다. 시간에 대한 대가는 무위험수익률로 그 당시의 경제 사정이나 금리수준에 따라 연동된다. 거의 위험이 없다고 봐도 무방한 국채나 제1금융권의 정기예금이자가 기준이 된다고 보면 된다.

다음으로 수익의 불확실성에 의한 리스크는 상품의 특성에 따라 달라진다. 코스닥의 벤처업종에 돈을 빌려주는 것과 삼성전자에 돈을 빌려주고 받는 수익이 같은 수는 없을 것이다. 결론적으로 수익이 현실화되는 기간이 장기화되면 될수록 시간에 대한 대가도 증가해야 하며, 불확실성에 의한 위험도 증가할 것이므로 이에 대한 대가도 늘어나야 한다. 현재 100만 원이라는 돈을 국가에 빌려주고 1년 후에 받을 수 있는 것과, 중소건설사에 빌려주고 5년 후에 돌려받을 수 있는 것에는 엄청난 차이가 있다. 이러한 시간과 위험에 대한 상황을 종합적으로 고려해 시장에서 형성되는 대가가 이자가 된다.

현재가치를 미래가치로 환산할 때는 이자에 해당하는 비용만큼 할증되어야 함을 뜻하고, 미래에 받을 100만 원을 현재로 환산한다면 그만큼 할인되어야 함을 의미한다. 따라서 투자자가 투자결정을 할 때는 현금유출과 현금유입을 동일시점의 가치로 환산해주어야 한다.

정리해보면, 시장이자율은 나중에 받을 돈보다는 당장에 내 호주머니에 들어있는 돈이 더 활용도가 높은 데에 따른 시차선호, 시간의 경과에 따른 물가상승에 대한 대가, 기회상실에 대한 비용, 시장 및 개별위험 등을 반영하여 결정된다.

그런데 이러한 전통적 개념이 최근의 저금리 사회에서는 무너지고 있다. 어쩌면 도저히 일어날 수 없는 비정상적 상황이 벌어지고 있다. 이른 바 마이너스 금리다. 일본과 유럽 각국이 마이너스(-) 금리 정책을 도입하면서 현재가치는 미래가치로 환산할 경우 할증되어야 하고, 미래가치를 현재가치로 환산할 경우 할인되어 거래되어야 한다는 대명제가 위협받고 있는 실정이다.

100만 원의 국채를 구입하여 이자 2만 원을 붙여 102만 원을 받을 수 있는 것이 아니라, 만기에 99만 원밖에 받을 수가 없는 것이 마이너스 금리다. 이는 디플레이션 상황이 예측되고, 다른 투자대상이 매우 위험하다고 여겨지면 현금도 일반 물건처럼 안전한 은행이나 국가에 맡기고 보관료를 지불해야한 한다는 개념이다. 만일 이러한 현상이 지속된다면 어쩌면 자본주의의 종말이 올 수도 있다. 금융자본의 개념이 더 이상 성립하기 힘들게 된다는 것은 현대 금융자본주의의 존립 자체를 위협한다. 하지만 이는 경제위기나 특수한 디플레이션 상황에서 절대적 안전성을 보장하는 일부 선진국의 국채에 한정되는 얘기다. 우리가 알아야 할 일반적 관점에서는 미래 받을 돈은 할인이 되어야 하고, 현재 가지고 있는 돈은 할증되어야 한다는 기본 명제만 기억하면 될 것이다. 얼마를 할인하고, 할증할 것인가는 그때의 경제상황도 고려해야겠지만 각 개별 투자자가 요구하는 수익률에 따라 결정하면 될 일이다.

다음으로 경제적 타당성을 검토하기 위해서는 내부수익률법(IRR법)이나 순현가법(NPV법)을 이용해 할인현금수지분석이 행해져야 한다. 민감도 분석이나 시뮬레이션 분석, 가능매상고 추계 등과 관련해서는 이 책에 이어 나올 심화편에서 다루기로 하고, 여기서는 일반인들이 주로 사용하는 아래의 표에 나와 있는 수익형 부동산의 간이수익률을 계산하는 과정의 문제점만을 잠시 짚어보기로 하자. 아래 도표에서 보면 수익률이 15%가 나오는 매우 양호한 투자대상처럼 보인다. 실제 이런 방식의 분석으로 일부 도시형생활주택의 수익률은 20%를 상회하는 물건도 종종 보인다. 아래 간이수익률 계산식의 문제점은 대략 3가지로 볼 수 있다.

부동산 투자 수익률 계산

	15억 매입		
1	대출 60%	9억	
2	자기자본 40%	6억	
3	보증금(2억) - 월세(1천)	2억	
4	수리비, 취득세 등	1억	
5	실투자금	5억	2-3+4
6	연 월세 수입	1억 2천	
6	연이자 0.05%	4천5백만 원	
7	순수익	7천5백만 원	5-6

수익률 : (7,500만 원 ÷ 5억) × 100 = 15.0%

첫째, 레버리지 효과의 양면성이다. 위 표의 사례도 대출이자보다 월세가 많이 나오는 구조를 이용해 수익률을 극대화시키고 있다. 문제는 이런 레버리지 효과는 경기가 좋아 공실이 나지 않고 저금리 상황이 유지된다는 전제가 필요하다. 이전과 달리 요즘은 월세를 시간이 갈수록 인상할 수 있는 것이 아니라 오히려 월세를 깎아줘야 하는 수익형 부동산이 비일비재하다. 즉, 지금 받고 있는 월세수익이 최고점일 수가 있다는 말이다. 특히 원룸 등 도심형생활주택의 경우가 그러하다. 일반 상가의 경우 상권이 활성화되고 영업이 잘되면 건물주 입장에서도 월세를 올려 받을 수 있겠지만 도심형 생활주택의 경우 감가상각 등으로 재계약이 이루어지는 과정에서 월세 수익이 감소되는 경우도 많다.

주변에 새로운 원룸이 생기면서 공급과잉이 발생한 상황이라고 가정해보자. 세입자 입장에서 본다면 같은 값이면 깨끗한 새 집을 원하는 경우가 많을 것이므로 이주로 인해 공실이 발생하거나 차임을 낮춰야 하는 경우가 생길 수 있다. 또한 간과하지 말아야 할 것은 은행이자는 단 한 치의 오차도 없이 정해진 날짜에 인출되지만 월세는 그렇지 못하다는 점이다. 심지어는 월세를 지불하지 않고 보증금에서 삭감해야 하는 경우도 종종 있다. 이른바 공실 및 불량부채가 발생한다.

둘째는 각종 세금과 4대 보험 등 준조세를 감안하지 않게 되면 매년 5월 종합소득세 납부시점에 추가적인 세금을 납부하게 되거나 지출하지 않아도 될 건강보험료를 납부해야 되는 경우도 있다.

마지막으로 앞으로 남고 뒤로 밑지는 최악의 경우도 벌어질 수 있다. 도심형 생활주택의 경우 상대적으로 건축비가 차지하는 비중이 높고 임차건물의 특성상 감가상각이 심하다. 따라서 공급이 부족한 상황이 아닐 경우에는 시세차익을 보기는커녕 오히려 자본손실을 볼 수도 있다. 더불어 관리하는 과정에서 도배 같은 사소한 비용부터 수선비 같은 큰돈이 투여되는 경우가 많은 것도 단점이다. 이러한 비용을 정밀하게 계산하지 않고 접근하는 경우 소탐대실할 수 있다. 대부분의 수익형 부동산을 구입하는 사람들이 의식적, 무의식적으로 이러한 점을 간과하는 경우가 많은데, 유의해야 할 점이다.

4. 수익형 부동산 투자 유의사항

수익형 부동산 투자가 앞으로도 가장 유망하다는 얘기는 이미 대세가 되었다. 그러나 대통령 선거만 보더라도 대세라고 항상 결과가 좋은 것만은 아니었다. 이하에 언급하는 내용에 대해 곰곰이 생각해보기 바란다. 필자가 강의 때 주로 언급하는 내용이다. 자세한 내용은 강의를 통해서나, 심화편의 책을 출간할 때 구체적 사례와 함께할 것이다.

1) 90년대에 비해 투자지역에 상권이 얼마나 늘어났는지 파악하자.

예전에는 우리 지역에서 상권이라고 해 봐야 딱 정해져 있었는데, 이후 곳곳에 지역 상권이 들어섰다.

2) 소비자들의 소비패턴과 사회변화방향에 대해 고민하자.

예전에 직장회식을 하게 되면, 5차를 자랑하는 전설 같은(?) 음주문화가 있었다. 하지만 이제는 말 그대로 신화 같은 얘기다. 1차에서 마무리 짓는 것은 기본이고, 아예 먹고 마시는 회식 대신에 영화나 연극 등을 보는 신세대 직장 문화까지도 등장했다. 이뿐만이 아니다. 직접 입어보지 않고 어떻게 살 수 있겠느냐? 는 고정관념을 가지고 있었건만, 어느새 인터넷이나 홈쇼핑에서 가장 많은 부분을 차지하고 있는 품목은 의류가 되었다. 웬만한 것은 인터넷이나 홈쇼핑으로 대체되고, 가격도 오프라인보다 저렴하다.

3) 동일 상권에서도 상가공급의 절대량을 확인해보자.

건물은 다들 어찌나 높이 짓던지... 저 높은 건물에 누가 다 들어갈까? 이제 건물 지하에 있는 호프집에서 술 마시던 학창시절 기억은 추억으로 남겨야 될 것 같다.

4) 건물 하자와 노후화에 대해 심각하게 고민해보자.

토지와 달리 건물은 영속성이 없는 내구재일 뿐이다. 재건축이 필요하거나 리모델링이 필요할 때를 생각해보자. 하고 싶다고 다 할 수 있는 것이 아니다. 경제성, 법적 가능성 모두 고려해야 한다.

5) 상가건물임대차보호법 등 각종 임차인 보호 법률의 변화를 생각해보자.

갈수록 임차인 보호가 강화되며, 임대사업 하기 쉽지 않을 것이다.

6) 이제는 월급쟁이만 유리알 지갑이 아니다.

중요한 건 세전소득이 아닌 세후소득이다.

7) 앞으로 남고 뒤로 밑지는 장사 하지 말자.

매달 꼬박꼬박 월세 들어 올 때는 좋았는데, 나중에 팔 때는 제값 못 받을 수도 있다.

8) 수익률 함정에 빠지지 말자.

수익의 지속성에 유의하자. 지금 받고 있는 월세 수입과 현재의 투자대금 대비 수익률이 중요한 것이 아니라, 앞으로도 그러한 수익률이 유지될 수 있느냐가 중요하다. 더불어 들어오는 돈(수입)은 계산하고 나가는 돈(지출)은 제대로 계산하지 않아 생기는 착시에 주의해야 한다. 잘못하면 머리만 아프고, 수익률은 은행 정기예금보다 못할 수도 있다.

제12절

토지의 가치형성 요인과 기획부동산

1. 토지의 가치형성요인과 투자 유의사항

토지는 주택이나 수익형 부동산에 비해 투자 분석이 까다롭다. 정확히 표현하면 까다롭기보다는 계측하기가 쉽지 않다. 특히 자신이 잘 모르는 지역에 소재하는 토지의 경우는 전문가들도 대략적인 가격조차 감이 안 오는 경우도 있다. 감정평가 방식 중에서도 거래사례비교법 외에는 사용할 수 있는 방법이 없어 가장 막막하다. 토지는 미래의 용도를 염두에 두고 현재가치를 분석해야만 적정 가치를 도출할 수 있다. 하지만 임대수익률이 낮고, 환금성이 부족하며, 부동산정책 및 경기변동에 따른 영향을 많이 받아 투자리스크도 그만큼 크다. 특히 공법적 규제사항을 이해하지 못한 상태에서의 투자는 내 뜻과는 관계없이 대대손손 자손에게 물려줘야 하는 땅이 될 수도 있다. 반면에 정치한 분석을 통해 미래에 예측되는 변화를 잘 파악하면 가장 큰 수익이 나는 종목기도 하다

(1) 토지의 경사도, 모양, 토질(지반), 조림 등을 확인한다.

입목본수도와 경사도는 개발 가능 여부를 결정하는 결정적 변수이므로

꼼꼼히 확인해야 한다. 주의할 것은 설령 법적으로는 개발이 가능하더라도 토목공사비 과다로 사업성이 안 나오는 경우가 많으므로 반드시 개략적인 토목비용을 산성한 후 토지 매입에 나서야 한다.

(2) 진입도로가 있거나 진입로를 확보할 수 있어야 한다.

토지는 특히 임장활동이 중요하다. 문제는 초보자의 경우 임장을 가더라도, 해당토지의 확인조차 쉽지 않다는 점이다. 특히 도로에 유의해서 살펴보아야 한다. 현황도로가 있더라도 지적도와 현황의 일치 여부 및 주변의 계획도로는 반드시 파악해야 한다. 또한 도로에 접하거나 국도, 지방도 등과 인접해 진입로를 확보하기에 문제가 없어야 한다. 도로변에 접한 토지라도 완충녹지로 지정된 경우라면 그 토지의 활용 가능성은 대폭 감소한다.

지방도로의 경우 일반적인 상식과는 달리 2차선이 4차선으로 확대되면 오히려 음식점 등의 영업실적이 감소하고 토지가격이 하락하는 경우도 있다. 반대편 차선에서 음식점으로 진입하기가 부담스러워지고 차량 통행 속도가 빨라지는 관계로 통과형 입지로 변하는 경우가 발생하기 때문이다. 모든 부동산이 국지적 특성을 가지고 있어 임장활동에 의한 경험이 축척이 되어야 가치를 산정할 수 있지만 특히 토지의 경우는 똑같은 토지는 하나도 없다고 할 수 있다. 그만큼 다양한 법적, 경제적 요인에 의해서 가격차가 많이 발생하므로 토지투자에 나서기 전에는 부동산공법에 대한 기본적인 지식을 섭렵한 후 계절별로 토지의 변화까지도 읽어낼 수 있을 정도로 안목이 생긴 후에 투자하는 것이 좋다.

(3) 도로의 방향과 높이 및 산의 위치를 면밀히 검토하라.

북쪽보다 남쪽에 높은 산이 있는 토지는 피해야 한다. 풍수적으로도 좋지 않지만 겨울에 응달이 지는 관계로 토지의 활용도가 떨어진다. 또한 평지의 경우 도로보다 낮으면 성토작업에 비용이 많이 들어가므로 이에 대한 비용을 감안한 토지가격 측정이 이루어져야 한다. 대형 매립 사업 등으로 흙이 부족한 상황이라면 비용이 생각보다 많이 들어간다. 반면에 가까운 곳에 택지나 산단 조성 등으로 산을 깎는 곳이 있다면 비용을 줄일 수 있다.

(4) 성형 가능성과 비용 및 분필 가능성을 검토한다.

투박한(?) 토지를 절토, 성토, 주변 땅 매입 등으로 매끈하게 성형 작업을 거칠 경우 투입비용 대비 좋은 산출을 기대할 수 있는 경우가 많다. 특히 지나치게 규모가 크거나 일부 도로 수용 등으로 짜투리 땅으로 변해 활용 용도가 애매한 토지가 있다. 이런 경우는 분필과 합필을 적절히 시행할 경우 가치를 올릴 수 있으므로 다양한 검토와 설계가 필요하다. 하지만 성형한다고 모두 예뻐지는 것은 아니다. 어떤 경우는 아니함만 못한 경우도 발생하고, 좀 나아진 것은 사실이라도 비용대비 효율은 떨어지는 경우가 허다하다. 따라서 성형비용을 투입하기 전에 투입비용과 가치 상승분을 면밀히 검토해서 결정해야 하고 좋은 성형 전문가와 성형 후에 대해 미리 충분한 상담 후에 결정해야 한다. 면허도 없는 돌팔이 무면허 의사에게 얼굴 잘못 맡기면 두고두고 후회할 일이 생긴다. 땅도 다르지 않다.

(5) 축사와 묘지, 광산, 레미콘 공장, 종교적 집성촌 등 유해요소 점검에 소홀해서는 안 된다.

토지가 울창한 숲 등으로 가로막혀 있을 경우 육안으로 확인이 안 되는 경우가 많으므로 날씨가 좋을 때 등산한다는 생각으로 산 정상으로 올라가서 전체를 조망하듯 확인하고, 여러 방면으로 올라가고 내려오며 구석구석 확인해봐야 한다. 봄, 여름, 가을에는 울창한 수풀과 단풍 등으로 풍경에 취해 시각적으로 놓치는 유해요소가 많고, 겨울에는 냄새가 나는 후각적

유해요소를 놓치는 경우가 발생하므로 계절별로 주의해서 조사할 항목도 달라진다. 특히 사계절에 맞추어 토지를 모두 확인한 후 구입하면 좋겠지만, 현실적으로 그렇게 할 수는 없는 노릇이니, 계절의 변화를 예측해 살펴봐야 한다. 계절의 변화에 대한 리스크를 최소화시키기 위해서는 근처 주민들에게 해당 토지에 대한 정보를 최대한 입수하는 것이 좋다.

(6) 짧은 시일에 돈이 필요하면 도시근교 임야, 자녀에게 좋은 소리 듣고 싶으면 농지 투자가 유망하다.

현재까지의 토지투자의 표준적 방법은 개발을 염두에 두고, 농지보다는 경사도가 심하지 않고, 수목이 울창하지 않은 임야에 투자하는 것이 상대적으로 가격도 저렴하고, 전용도 쉽고, 비용도 적게 소요되는 경우가 많아 투자가치가 높았다. 개발압력이 증대될수록 도시근교 임야는 개발 가능성이 높아지기 때문이다. 하지만 앞으로는 조금 다른 방향으로 접근할 필요가 있다. 이제 어느 정도 개발이 마무리되면서 추가적인 도시화 속도는 매우 느려질 것이다. 특히 보존자원에 대한 관심이 높아지면서 개발하지 않은 환경자원에 대한 규제는 오히려 심해질 수 있다. 많은 사람들에게는 좋은 일이겠으나 토지 소유자 입장에서는 재산권행사에 큰 제약을 받을 가능성이 높으므로 임야 투자는 오히려 조심해야 한다. 특히 법적 용도로는 개발이 가능해도 전반적인 트렌드가 도심회귀현상으로 변하면서 외곽의 토지개발은 유명 관광지나 산업단지가 들어오는 행운이 따라주지 않으면 개발 자체가 안 될 수 있다.

반면에 이전의 절대농지, 현재의 농업진흥구역 중에서도 FTA(자유무역협정) 등으로 경쟁력을 잃을 경우 법적 용도제한이 풀릴 수 있는 농지가 있다. 설령 용도변경이 여전히 힘든 토지라고 해도, 남아 있는 농지는 시간이 흐를수록 각종 지원이 많아지고, 여기서 산출하는 국산 농작물에 대한 가치도 상승할 가능성이 높다.

현재는 쌀값이 최저수준이고, 각종 농작물도 중국에서 충분한 양이 수입되고 있어 농작물의 가격은 비교적 저렴하다고 볼 수 있다. 하지만 중국의 공업화 속도가 빨라지고, 수입 농작물의 안전성 문제가 본격적으로 이슈가 되거나, 소비수준이 향상됨에 따라 국산 농작물에 대한 선호도가 강화된다면 상황은 전혀 다른 방향으로 흘러갈 수 있다.

자유무역협정에 대한 대책으로 농지전용이 증가하고, 농촌의 고령화에 따라 농작물 산출이 줄어든다면 신토불이 농작물 가격은 예상외로 급등할 수 있다. 이럴 경우 토지 자체에서 생산하는 산출물의 가치가 올라감에 따라 토지가격의 상승도 기대할 수 있다. 경제학적 측면으로 봤을 때 농지가 줄어들면 같은 조건에서 가격은 상승하게 되어 있다. 이런 점을 고려하면 개발과 무관한 농지도 조금 길게 보고 투자할 가치는 충분하다. 특히 상속까지 염두에 둔다면 농가가 있는 농지 투자는 최고의 절세대책까지 될 수 있는 일거양득의 투자방법이다. 고정관념을 깨트리고 접근할 때 큰 수익도 발생한다.

(7) 현재 토지 투자 트렌드는 전원주택 용지보다는 농가주택이며, 완전 이주보다는 세컨드하우스(멀티헤비테이션) 구입의 형태이다.

한때 전원주택 붐이 일어났던 적이 있다. 지금도 장년층 이상의 남자들은 전원주택에 대한 꿈을 꾸고 있는 경우가 많다. 하지만 십여 년 전과는 상황이 많이 달라졌다. 사회문화적으로 봤을 때도 고령화가 되면 전원주택으로 내려가기보다는 오히려 도심으로 회귀할 가능성이 높아진다. 노년층이 많아지면 전원주택 수요가 늘 것 이라는 생각은 단견이다. 교통 편의성과 의료시설 접근성 등으로 이미 도시생활에 길들여져 있는 노년층이 전원생활을 꾸려나가기는 쉽지 않다. 하지만 고향과 흙에 대한 동경만큼은 여전하므로 도시에 주거를 유지한 채 세컨드하우스 용도로 비교적 가격이 저렴한 소규모 농가주택을 마련하고자 하는 수요는 지속적으로 증가할 것으로 보인다.

(8) 농막에 수도, 전기, 가스 시설을 설치하는 것이 허용되었다. 토지시장에는 어떤 영향을 미칠까?

원래 농막은 비료나 농기구 등을 보관하는 장소로 전기, 가스, 수도 등의 설치가 금지되었다. 주거용도로 전용되는 것을 방지하기 위해서다. 2012년 이러한 규제가 없어져 이들 시설의 설치가 가능해졌다. 6평까지는 신고만으로 지을 수가 있어 농막 자체가 주말을 보내기 위한 세컨드하우스로서의 기능을 할 가능성이 높아졌다. 최근에 등장하고 있는 모듈러 하우스(조립식 구조물)는 이러한 문화를 정착시킬 수 있는 트렌드가 될 수 있을 것으로 전망된다.

(9) 전기, 전화, 가스, 수도시설의 인입 비용과 지하수 사용 가능성을 미리 검토하자.

전원주택지의 경우 마을에서 멀리 떨어져 있는 토지라면, 이들 시설의 인입비용이 수천만 원에 달하는 경우도 있어 미리 한전 등에 문의해 비용을 파악해야 할 것이다. 수도가 못 들어오는 지역의 경우 지하수를 사용할 수밖에 없는데, 이도 그냥 간과해서는 안 되는 문제다. 공기 좋은 시골의 지하수이니 안전하다고 생각하면 곤란하다. 이전에 공장지대였거나 불법 축사가 있는 경우 토양이나 수맥이 오염되어 사용할 수 없거나 건강을 해칠 우려가 있으므로 사전에 수질 검사를 거쳐야 한다. 지역에 따라 토양에는 라돈이 많이 축적되어 실제로 시골의 오래된 주택에서 거주하는 경우

비록 공기는 좋을지라도 토양오염으로 인해 건강을 해칠 수 있음도 상식 차원에서 알아두자.

2. 기획부동산의 유형과 대처방법

필자가 외부기관이나, 학교 내 성인학습자들을 대상으로 강의를 하다 보면 놀라는 경우가 자주 있다. '설마, 아직도 저런 수법에 속아 넘어가는 사람은 없겠지...' 하는 생각을 여지없이 깨트리는 경우이다. 가장 많은 사례가 바로 기획부동산에 속아 쓸모없는 토지를 구입한 경우다. 아예 현장을 가보지 않고 구입한 경우, 현장에는 가봤는데, 부동산 측에서 안내한 곳과 실제 지번이 다른 경우, 토목공사가 한창인 것까지 확인했는데, 불법적으로 개발행위를 하고 있었던 경우, 등 그 유형은 다양하다.

기획부동산은 그 문구대로 해석하면 좋은 기획을 통한 실행으로 사용 및 수익가치의 증진을 통해 부동산의 교환가치를 증가시키는 부동산업의 유형을 의미한다. 대부분의 조직에서 기획은 매우 중요한 자리를 차지하고 있고, 기획역량에 따라 사업의 성패가 나뉘기도 한다. 이처럼 좋은 의미의 기획이 부동산 분야에서는 변질되어 사용되고 있다. 현실적으로 쓸모없이 버려진 땅을 사기성 짙은 방식으로 일반인들에게 매도하는 방식이 기획부동산의 대명사처럼 통용되고 있다. 구체적으로 살펴보면 덩치가 커 매각이 어려운 대규모의 토지를 저렴한 가격에 매수한 후에 그 토지를 구입하기에 부담이 없는 작은 토지로 쪼개어 비싼 값에 분할 매각하는 방식을 일컫는다. 그 유형을 살펴보면 경사도나 입목본수도 등의 요인으로 개발이 불가능하거나 개발이 가능해도 경제적 타당성이 나오지 않는 임야를 구입해 100평에서 200평 단위로 쪼개어 시세의 몇 배에서 수십 배로 매각하고 있다. 이러한 수법에 매수자들이 넘어가는 이유는 대부분 주위에 대형 개발호재가 있어, 시간이 조금만 지나면 대상지도 개발되어 막대한 수익을 볼 수 있을 것이라는 기대 때문이다. 인간 내면에 숨어 있는 탐욕에 불을 지피는 것이다. 특히 매입에 부담이 적은 가격에 자기 소유의 토지를 갖고 싶다는 근원적 욕구와 '사서 묻어두고 시간이 지나면 개발되고 가격은 대폭 상승한다'는 개발지상주의 시대의 시세차익에 익숙한 문화도 한몫하고 있다.

과거 성행했던 전원주택개발용 기획부동산에 이어 최근에는 귀농을 꿈꾸는 사람들에게 다양한 방식의 기획부동산이 성행하고 있다. 물론 모든 기획부동산이 문제가 있는 것은 아니다. 정확한 지식을 통해 절차를 밟아 개발행위가 가능한 토지로 변모시키거나, 절토, 성토와 더불어 길을 내고, 적정한 크기의 토지로 변경시키는 행위를 통해 토지의 실질적 가치를 증대시키는 권장할 만한 기획부동산도 있다. 문제는 일반인들이 이러한 건전한 업체와 먹고 튀는(?)식의 기획부동산을 구별하기가 쉽지 않다는 점이다.

부동산학을 배우다 보면 토지의 인문적 특성 중 병합, 분할의 가능성과 이에 의한 한정가격이라는 표현을 배우게 된다. 이를테면 대로변에 있는 작은 규모의 상가와 바로 뒤에 붙어 있는 주택을 매수해 합병하게 되면 그 주택의 가격도 대로변에 붙은 상가가격에 버금가게 되는 이치다. 때로는 규모의 경제로 인해 앞의 상가 가격조차도 가치 상승으로 인한 수혜를 입을 수 있다.

이처럼 토지투자와 관련해 큰 것은 작게, 작은 것은 크게 변모시켜 보다 가치를 증진시키는 것은 매우 합리적 행동이다. 문제는 분할했을 때 개발이 불가능하거나, 사용할 수 없는 토지를 속여서 매각하거나, 터무니없이 비싼 가격에 매도하는 행위이다. 이러한 행위가 가능한 이유는 많은 사람들이 개발과 관련한 공법적 행위에 무지하거나, 기획부동산이 내세운 여러 개발호재에 의한 시세차익만을 기대하고 부동산을 매입하는 탓에 근절되지 않고 있다. 특히 영업과정에서 성과급 등의 유혹으로 영업사원들을 대거 모집해 지인 영업방식을 펼치는 경우가 많은 것도 문제다. "설마 저 지인이 나를 속이지는 않겠지" 하는 방심을 유발하는 것이다. 그렇다면 이러한 기획부동산에 대처하기 위해서는 어떻게 해야 할까?

첫째, 해당 토지에 대한 등기사항전부증명서, 토지이용계획확인원, 토지대장, 지적도 등을 발급받아 확인이 필요함은 물론이고, 반드시 해당 군청의 도시과, 지적과나 건축과에 들러 개발행위 가능성에 대해 직접 문의해보고, 주변에 있는 건축설계사무소도 들러 개발 가능성을 확인해봐야 한다.

둘째, 지역 부동산 중개업소 몇 곳을 통해 해당 토지의 가치와 최근 현황, 주변의 구체적 개발계획 등에 대해 확인해야 한다. 이때 유의할 사항은 일부 중개사무소는 당해 기획부동산에서 직접 운영하는 중개업소이거나, 기획부동산과 중개사무소의 협약체결이 이루어진 경우도 있을 수 있다는 점이다. 따라서 중개사무소를 통해 시세와 개발여건 등을 확인할 때는 근처에 있는 중개사무소와 좀 떨어져 있는 중개업소를 고루 돌아보고 판단해야 한다.

셋째, 각종 신문광고나 전단지 등을 통해 '○○법률사무소, ○○법무사 보증'등의 문구는 소유권이전과 관련한 절차를 대행해준다는 의미이지, 그 부동산의 개발행위와 가치를 보증해준다는 뜻이 아니다. 해당 법률사무소에 가서 책임범위가 어디까지 인지를 확인하도록 하자.

넷째, 반드시 현장을 확인 후 계약해야 한다. 간혹 멀리 떨어져 있는 지역의 경우 현장방문도 하지 않고 덜렁 계약부터 하는 경우가 있는데, 어떤 경우에도 하지 말아야 할 행동이다. 설령 그렇게 해서 좋은 토지를 놓치는 '만의 하나'의 경우가 발생한다 해도 이는 나와 인연이 없는 토지라고 생각해야 한다.

현장 확인을 갔을 때도 비전문가인 일반인들의 경우 정확한 지번을 찾지 못해 해당업체가 설명해 주는 주변의 여건이 좋은 토지를 당해 현장으로 잘못 알고 오는 경우도 비일비재하다. 따라서 현장 방문 시에는 해당 업체의 말만 듣지 말고, 토지전문가를 대동하고 가거나, 최소한 주변 여러 곳의 사진을 촬영해 항공사진 등과 대조해보고, 마을사람, 관청, 주변 공인중개사무소 등을 통해 실제지번과 일치여부를 확인해야한다. 실제 본인이 구입한 땅은 경사도가 심하고 산림이 울창한 임야인데, 그 옆의 경사도가 완만한 개발이 가능한 임야로 잘못 알고 계약하는 경우도 많다.

개발이 불가능한 토지를 개발행위허가를 받지 않고 임의로 훼손하고, 건설 장비를 놓아둔 후, 개발이 가능한 것처럼 착각하게 만드는 신종 사기수법도 자주 사용되는 방법이다.

다섯째, 지분판매의 경우 공유지분권자가 수백 명 이상이 되는 경우가 허다하다. 이러한 공유지분 토지를 개발하거나 처분하기 위해서는 전 공유자의 동의를 얻어야 하기 때문에 현실적으로 불가능하다. 또한 자신의 지분만을 팔고 싶어도 사는 사람이 없기 때문에 사실상 매도가 불가능하다. 심지어는 임대를 하기 위해서도 과반수 지분권자의 동의를 얻어야 하지만, 전국에 흩어져 있는 수백명의 소유권 관계로 인해 이마저도 불가능하다. 민법상의 공유물 분할 청구권을 행사해 분할하는 방법이 있지만 가능성이 없다. 공유물 분할 청구권은 공유자 전원을 대상으로 한 필요적 공동소송이다. 현실적으로 지분소유자가 10명만 넘어가도 하기 힘든 것이 이 소송이다. 결국 기획부동산에 속아 공유지분등기를 하는 순간 나에게는 형식적 소유권만 존재하는 것이고, 매입자금은 흔적 없이 사라진다. 오히려 매년 나오는 재산세를 내지 않게 되면 본인 소유의 다른 재산마저 압류가 되는 황당한 경험마저 할 수 있다.

그럼 이런 기획부동산을 구별할 수 있는 주요한 특징은 없을까?

대부분의 비정상적인 기획부동산은 한 현장에서 해먹고(?) 나면 단속을 피하거나 세금 관계를 포탈하기 위해 수시로 부동산 업체명을 바꾸고, 대표자도 몇 명의 직원들이 돌아가며 맡는 경우가 많다. 또한 회사명은 ○○투자개발, ○○토지 연구소, ○○공사, ○○영농법인 등의 형태를 가지고 있는 경우가 많다. 유의할 것은 이런 상호를 가진 정상적 업체도 많으므로 참고 사항 정도로만 활용해야 할 것이다.

다음으로 지인을 통해 접근하고, 계약하고 나서 다른 지인을 소개하면 기존의 투자자들에게는 특별 수당을 지급한다는 식으로 '다단계 영업' 방식을 사용하는 경우가 많다.

마지막으로 해당 부동산 회사의 법인등기부등본을 열람해 유추할 수 있다. 법인설립일 및 소재지 변경사항을 확인하고, 최근에 설립된 업체에 토지규모에 비해 자본금이 지나치게 적다면 기획부동산일 가능성이 높다.

속지 않아야겠지만 이미 속았다면 어떻게 해야 할까?

대부분의 기획부동산은 매도가 끝나면 자취를 감춘다. 사무실은 없어지고, 당시 받았던 연락처로는 연락이 되지 않는 경우가 태반이다. 혹, 사라지기 전에 눈치 채고 계약을 무효로 할 것을 요구하면 각종 이유를 대며 기다려줄 것을 요구한다. 꼭 덧붙이는 말은 이러하다. "지금 시끄럽게 하면 당신 돈을 돌려받을 수 있는 길은 사라진다. 조용히 있으면 며칠 내로 당신 돈은 돌려주겠다."

대부분은 이 말을 철석같이 믿고 있다가 그나마 대처할 수 있는 시간을 놓치게 된다.

기획부동산에 당했을 경우, 계약서를 검토해봐야겠지만, 법적으로는 "착오나 사기를 이유로 매매계약 취소와 부당이득 반환청구를 하거나 불법행위를 원인으로 한 손해배상청구가 가능하다. 경우에 따라서는 사기죄로 형사상 고소도 가능하다. 대부분 민형사를 병행하는 것이 좋은 결과를 얻을 가능성이 높다. 따라서 업체가 사라지기 전에 기획부동산에 속은 것을 알았다면 바로 법적 조치를 취할 것을 권한다. 가장 먼저 해야 할 일은 해당 업체의 재산상황을 파악해 가압류 조치부터 취하고, 협상에 들어가는 것이 좋다.

기획부동산에 속는 이유는 간단하다. 확인해야 하는 기본적인 사항을 간과하고, 이성적으로 판단하지 않고, 눈앞의 탐욕에 눈이 멀 경우이다. 이 한마디만 명심하면 기획부동산이든, 그 어떤 사기도 피할 수 있다.

"그렇게 좋으면 자기가 하지, 왜 나한테 하라고 안달을 할까?"

제13절

통계의 이면과 시장전망의 한계

매년 12월이면 경제전반과 주식시장, 부동산 시장 등 개별 시장에 대한 전망이 쏟아진다. 재미있는 것은 이러한 전망은 그야말로 전망으로만 그치는 경우가 많다는 점이다. 왜일까? 그래도 그 분야에서 배울 만큼 배우고, 겪을 만큼 겪은 사람들이 나름 신중하게 생각하고 전망할 것이다. 그럼에도 왜 매번 예상은 빗나가는 것일까?

먼저 2016년 부동산시장을 돌이켜보면, 1년 내내 수백 대 1의 무시무시한(?) 청약경쟁률을 양산하며, 신규분양시장이 앞장섰다. 가을에 접어들며 서울 강남 일부와 해운대 신시가지 등 일부권역을 중심으로 가파른 가격상승세를 시현했던 기존 주택시장도 이에 버금가는 성적을 올렸다. 문제는 이러한 상승세가 언제까지 지속될 수 있느냐는 점이다. 11.3 대책 이후 이미 거래가 눈에 띄게 감소하는 등 심상치 않은 조짐이 보이기 시작했다. 사실 전망은 전망으로 그칠 수밖에 없다는 얘기가 있다. 예측은 늘 빗나가고 전문가들을 머쓱하게 만든다. 그럼에도 전망은 계속되어야 한다. 틀릴 수 있다는 이유로 아무것도 안 하고 있는 것보다는 낫기 때문이다.

부동산시장의 전망이 힘든 이유는 많은 복합적 요소가 작용해 시장의 움직임이 결정되기 때문이다. 경제적 측면, 정책적 측면, 심리적 측면, 국지적 요인, 수급현황 등 무수히 많은 요소가 작용하여 나타나는 것이 시장이다. 이러한 요소를 측정하기 위해 많은 방법이 동원된다. 특히 최근에는 발달된 컴퓨터의 연산능력을 활용해 향후 시장을 예측하는 방법이 많이 사용된다. 그럼에도 불구하고 번번이 틀릴 수밖에 없는 이유는 정책적, 심리적 계측할 수 없는 요인에 대한 제어가 어렵고, 각 요소가 영향을 미치기까지 시차의 발생이 일정하지 않기 때문이다. 그렇다면 이를 한 번 뒤집어보자. 이미 부동산시장에 영향을 미치는 요인은 많은 경험과 연구, 통계자료 등을 통해 확인되었다. 다만 계측할 수 없는 복합적 요인이 작용하는 과정에서 어떤 시기는 정반대의 결과가 발생할 수도 있다. 이를테면 조정받을 것으로 예측되었는데, 반대로 큰 상승세를 보인다든지 상승예측에도 불구하고, 하락 반전하는 것 등이다.

이제부터가 중요하다. 이를 다시 뒤집어보자. 이미 시장에 영향을 미치는 요인은 모두 알고 있다. 이는 시간의 선후가 있을 뿐, 반드시 시장에 그 위력을 발휘한다. 특히 영향이 나타날 시기에 나타나지 않고 시간이 지연되면 효과는 증폭되는 경향이 있다. 반등해야 할 시기에 반등이 늦어지면 이후 반등이 오는 시기에 그 상승폭이 커지고 오래간다. 반면에 조정받고 힘을 비축해야 할 때, 무리하면, 조정 폭이 깊어지고, 오래간다. 시장에 버블논쟁과 대폭락 공포에 대한 이슈가 주기적으로 발생하는 이유이기도 하다. 2017년 부동산시장의 여건을 돌아보자. 2017년부터 입주물량 과잉이 몇 년간 지속될 예정이다. 2016년 인허가 물량도 대폭 증가했고, 1,300조를 넘어서는 가계부채로 인해 정책의 유연성을 기대하기도 쉽지 않다. 미국 금리인상 여파는 피할 수 없는 사실이다. 몇 년간 쉼 없이 상승을 이어왔다. 사람도 기계도 시장도 쉬어야 또 갈 수 있다. 가장 믿을 수 없고 황망하게 돌변하는 것 또한 심리다.

이번에는 통계자료를 토대로 부동산시장의 적정성 여부를 파악해보기로 하자. 제대로 된 통계가 나온 1985년 이후 현재까지 주택가격 상승률과 물가상승률을 보면 예상외로 물가상승률이 더 높았다. 대부분의 사람은 주택가격이 훨씬 더 올라간 것처럼 느껴지는데, 왜 수치상으로는 이런 결과가 나올까?

먼저, 물가는 꾸준히 오른 반면에, 부동산 가격은 조정받고 폭등하는 과정이 반복되면서 생긴 착시현상을 그 원인으로 볼 수 있다. 또한, 가계에서 차지하는 비중이 높고, 주택은 모든 사람의 최대관심사이다 보니 가격의 움직임에 좀 더 민감하게 반응하고, 인지하게 된다. 두부값이 1,000원에서 1,500원으로 오르는 것과 주택가격이 1억 원에서 1억 5천만 원이 되는 것은 인상률 면에서는 동일하지만, 가계에서 차지하는 비중에서는 큰 차이가 발생한다. 자연히 집값에 더 민감하게 반응할 수밖에 없다.

기본적으로 경제가 성장하면 부동산 가격이 오르는 것은 당연하다. 일본 외에는 그 어떤 나라도 부동산 가격의 장기곡선을 살펴보면 우상향하고 있다. 그래프를 보면 물가는 꾸준히 큰 변동 없이 우상향하는 것에 비해 주택가격은 큰 폭의 상승과 상당기간의 조정을 거치며 우상향 하고 있다. 주목할 사항은 아파트의 상승폭이 매우 큰 것에 비해 상대적으로 단독주택의 상승폭은 많이 낮다. 이는 소득증가에 따른 기호변화로 파악할 수 있다. 과거 소득이 낮을 때는 연립주택이나 단독주택에 거주하는 경우가 많았으나, 소득이 증가하고, 자가용 보유가 늘어나며, 단독주택보다는 아파트에 대한 수요가 증가하며, 가격 상승세를 이끌었다고 볼 수 있다.

전국 주택가격 지수

(2011.6 = 100)

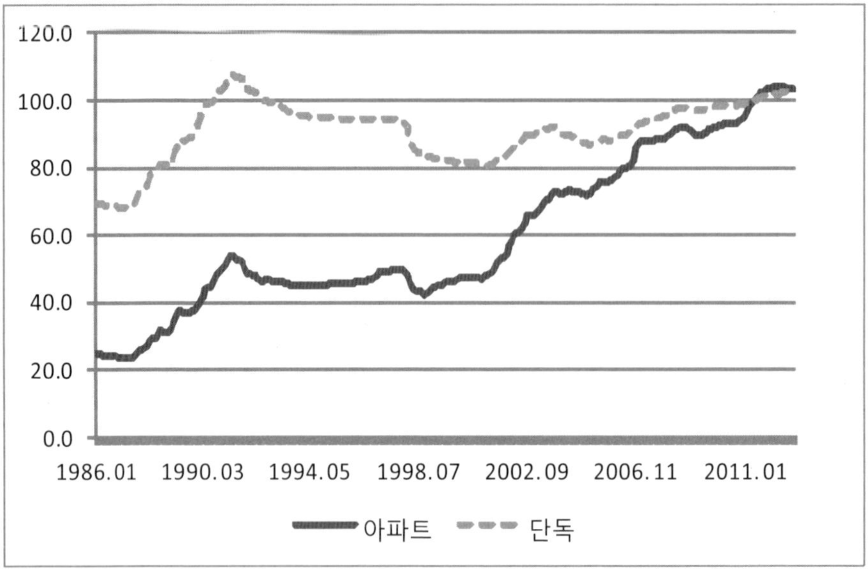

전국 소비자물가 지수

(2015 = 100)

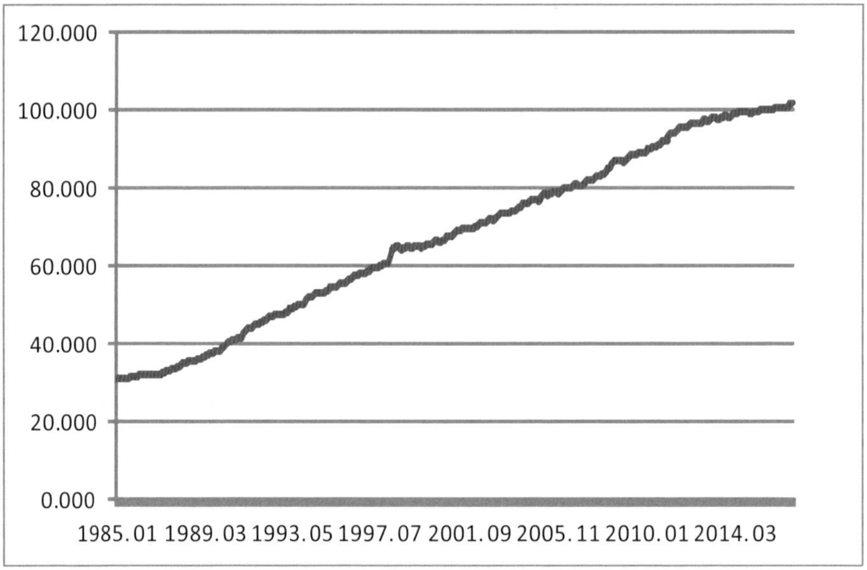

아래는 2016년 10월 이데일리 신문에 부동산시장의 통계와 관련해 게재된 기사내용이다. 먼저 이 기사를 찬찬히 읽어보자.

한국감정원은 지난달 전국 평균 집값이 2억 4716만원이라고 발표했다. 같은 기간 KB국민은행이 산출한 지난달 전국 평균 집값은 3억 191만원. 두 기관의 평균 집값이 5475만원의 차이를 보인 것이다. 서울 평균 집값 역시 국민은행이 5억 1416만원이라고 발표한 반면 감정원은 4억 6641만원으로 두 기관 사이에 4775만원의 격차가 존재한다. 전국 아파트 전세가율(매매가격 대비 전셋값 비율)에 대한 진단도 엇갈렸다. 감정원이 전달보다 0.01%포인트 오른 74.5%라고 발표했지만 국민은행은 0.1%포인트 하락한 75.4%를 기록해 지난 2013년 4월 이후 처음으로 내림세로 돌아섰다고 밝혔다.

두 기관은 지난 7월에도 서울 평균 주택 가격을 두고 정면으로 충돌한 적이 있다. KB국민은행이 올해 6월 서울의 주택 평균 매매가격이 사상 처음 5억원(5억 198만원)을 넘어섰다며 대대적으로 발표하자 감정원이 "서울 주택 평균 매매가격은 5억이 아닌 4억 6000만원"이라며 국민은행의 통계를 정면으로 반박했다. 강여정 감정원 주택통계부장은 "국민은행은 상대적으로 가격이 비싼 아파트 표본 비율이 높아 평균 매매가격이 높게 나타난 것"이라고 설명했다.

두 기관이 내놓는 주택 통계가 다른 이유는 조사 방법에 차이를 보이는데다 집값을 바라보는 시각이 극명히 갈리기 때문이다. 1986년 1월 주택은행 시절부터 31년째 집값 통계를 내놓고 있는 KB국민은행은 현장 시세를 중시한다. 국민은행은 전국 1만 3000개의 공인중개업소가 직접 입력한 아파트 호가(집주인이 부르는 값)를 근거로 주간 아파트 시세를 산출한다. 이는 감정원의 주간 아파트 시세 표본(7100개)보다 두배 가까이 많은 수치다. KB국민은행의 월간 주택 통계도 3만 4495가구에 달해 감정원의 월간 통계 표본(2만 5260가구)을 웃돈다.

2012년 5월부터 국가 승인 통계 작성을 시작한 한국감정원은 공정성에 방점을 찍고 있다. 감정원은 소속 직원들이 매주 직접 조사한 아파트값을 기반으로 국도부 실거래가와 비교하는 모니터링 과정을 거친다. 감정원은 적은 표본을 넓은 지역으로 만회한다. 감정원이 아파트값을 산출하는 지역은 전국 206곳으로 국민은행(172곳)보다 넓다. 연립 · 단독주택도 215개 지역에서 집값을 산출해 국민은행(153개 지역)을 웃돈다. 감정원 관계자는 "중개업소가 적어내는 가격은 실제 가격이 아닌 집주인이 원하는 가격인 경우가 많다"며 "주택 유형별 실질 재고량에 비례한 표준을 추출해 평균값을 반영하기 때문에 호가에 반영된 웃돈은 배제된다"고 설명했다.

자료출처 : 2016년 10월 6일 이데일리 신문 김성훈 기자

위 기사는 주택가격의 추이를 다루는 대표적인 두 기관의 통계수치 차이에 대해 다룬 내용의 기사이다. 대한민국의 동일한 지역의 동일한 시기의 통계이지만 차이가 너무 심하게 난다. 집값의 평균이 5,000만 원 가까운 격차를 보이는데, 이 정도의 가격차이라면, 통계라는 근본 의미가 무색할 정도이다. '부동산가격은 정가가 없다'라는 말처럼 정확한 가격 측정이 불가능한 부동산이라는 재화의 특성을 십분 감안하더라도 이건 아니다 싶다. 그렇다면 도대체 왜 이런 결과가 나왔을까 ?

기사를 찬찬히 살펴보면 가격에 차이가 나는 이유를 알 수 있지만, 대부분의 사람들은 최종적으로 발표되는 수치만을 가지고 투자나 정책의 근거 자료로 활용하게 된다. 이는 판단의 근거가 된 통계수치에 오류가 생기면 잘못된 결정을 할 수밖에 없음을 의미한다.

최근 빅데이터 시대를 맞이해 컴퓨터의 발달된 연산능력을 활용한 계량적 접근이 각광을 받고 있으나, 원 데이터가 잘못되면 그 결과는 더 큰 오류를 가져온다. 대부분의 경제주체들은 최종 도출된 통계 결과만을 보고

판단의 근거로 삼기 때문이다. 특히 부동산 가격은 정가가 없고, 호가와 급매가, 실거래가를 비롯해 여러 가격이 존재한다. 통계를 이용해 다루는 사람의 역량에 의해서도 그 결과는 판이하게 달라지기도 한다. 이런 문제점을 해결하기 위해서는 먼저 보다 공신력 있는 통계자료를 확보하기 위해 통계를 다루는 각 기관의 노력이 선행되어야 한다.

개별 투자자들도 발표된 통계에 대해 결과만 보는 것보다는 통계가 어떤 자료를 바탕으로 어떻게 가공이 되었으며, 그 시기와 지역의 범위는 어떠한지 등에 대해서도 명확한 인지를 할 필요가 있다. 이러한 역량을 기르기 위해서는 통계에 대한 기초지식이 필요하다. 통계를 다룰 수 있는 능력을 배양하면 시장을 읽고 투자여부를 판단할 때 매우 유리하다. 하지만 여러 제약으로 당장에 이런 능력을 키울 수 없다면, 특정 통계자료의 결과만 보고 맹신하기보다는 비슷한 여러 통계자료를 비교 검토해보는 습관을 가져야 한다. 발표된 수치적 결과만 보지 말고, 그 전문을 읽어보고 통계의 이면까지 판단하는 버릇을 들여야 한다는 얘기다.

통계에 대한 판단착오가 얼마나 큰 영향을 미치는지에 대해서 대표적인 사례 2가지만 들어보자. 먼저, 노무현 정부 시절의 주택정책과 관련된 주택보급률이다.

노무현 정부는 IMF 극복을 위한 김대중 정부의 부동산 부양책으로 인한 부동산경기 과열을 제어해야 하는 문제에 봉착했다. 부동산가격이 필요 이상으로 상승하는 이유를 분석해야 했는데, 이때 활용된 것이 여러 통계자료이다. 그중 주택보급률은 상황판단에 결정적 영향을 미쳤다. 주택보급률은 일반가구 수 대비 주택 수의 비율(%)을 말한다. 그런데 구 주택보급률로 불리는 2008년 이전의 통계의 경우에는 1인 가구는 가구 수에 포함되지 않았고, 여러 가구가 살고 있는 다가구주택은 하나의 주택으로 계산되었다. 이는 1인가구가 폭증하는 현실과 다가구주택이 많은 당시의 현실을 전혀 반영하지 못한 현실과는 유리된 통계자료를 제공할 수밖에 없었다. 이를 보완하기 위해 2008년 이후 신 주택보급률개념이 도입되었다. 구 주택보급률과 신 주택보급률의 산식은 다음과 같은 차이를 나타낸다.

(1) 구 주택보급률(%)=(주택 수 / 보통가구 수)×100 (다가구주택은 주택 수에 계산되지 않으며, 보통가구에 1인가구는 제외됨)

(2) 신 주택보급률(%)=(주택 수 / 일반가구 수)×100 (다가구주택도 구분거처마다 주택 수에 포함되고, 비혈연가구와 1인가구도 일반가구수에 포함됨)

노무현 정부가 부동산정책을 입안할 당시에는 지금의 신 주택보급률이 아닌 구 주택보급률에 의한 통계자료만 생성되고 있었다. 2005년 당시의 주택보급률은 105.9%로 나타나지만, 신 주택보급률로 계산하면 98.3%에 불과하다. 하지만 노무현 정부는 통계상의 수치를 믿고, 주택의 양적 문제는 어느 정도 해결되었다고 보고, 가수요를 통제하기 위한 대책 위주로 부동산정책을 가져갔다. 아직도 공급이 부족한 상황에서 수요억제책으로 내세운 양도소득세 중과 등의 정책은 오히려 동결효과를 가져왔고, 부동산가격은 수급불균형으로 정부의도와는 반대방향으로 움직이는 결과를 초래했다. 물론 이 당시는 전반적인 경제상황, 혁신도시 등 국토 균형개발 정책에 따른 보상비 등으로 시중 부동자금의 증가가 복합적으로 영향을 미쳤으나, 어떻든 잘못된 통계가 정책적 판단을 그르치게 만드는 데 일조한 것은 사실이다 .

다음으로는 통계청의 가구예측추이 자료이다.

| 그림 3-11 | 통계청의 장래가구추계상 예상가구수 추이 및 추계시기별 가구수 증가분의 차이

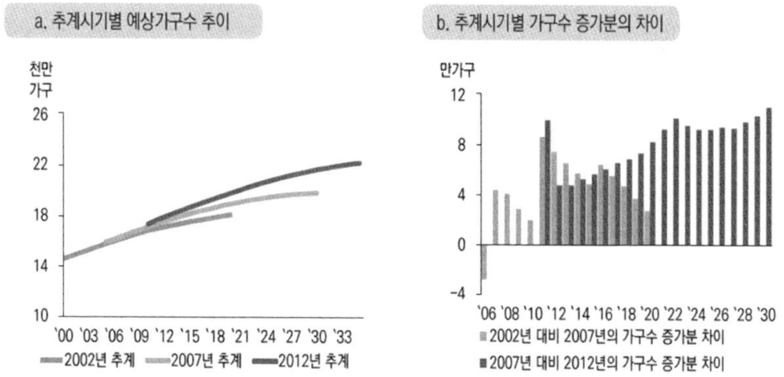

자료: 통계청 장래가구추계(2002, 2007, 2012)

자료출처 : 한국감정원

위 자료는 통계청에서 공식적으로 발표한 가구 수 추이 예측이 5년 단위로 얼마나 달라졌는지를 분석한 한국감정원의 자료이다. 그래프에서 보는 것처럼 2002년도에 예측한 가구추이와 10년 뒤에 예측한 가구추이는 많은 차이를 보이고 있다. 매년 예측치의 차이가 최소 몇만 세대에서 십수만 세대까지 차이가 난다. 만일 2002년도 가구추이를 절대적으로 믿고 부동산 시장을 분석한다면 부동산 공급이 감소하지 않고 지속적으로 이루어지면 곧 공급과잉 상태로 빠져들게 될 것으로 예측할 수밖에 없다. 이는 베이비부머의 은퇴시점과 맞물려, 자산비중을 줄이는 과정에서 부동산가격은 추세적 하락으로 진행될 가능성이 높다는 판단으로 연결된다.

그러나 이후 2007년과 2012년 수정된 통계청의 발표를 보게 되면 2035년까지도 가구는 지속적으로 증가하고 있다. 만일 2002년 통계자료를 믿고 주택공급을 계획한다면 공급부족으로 인해 주택가격은 오히려 상승하게 된다. 통계자료의 이면이나 허상을 보지 못하고, 계량화된 수치를 맹목적으로 받아들이게 되면 정책적 측면이나, 투자측면에서 심각한 오류를 범할 수 있다. 컴퓨터의 연산능력이 아무리 뛰어나도 그 컴퓨터에 자료를 입력하는 것은 사람이다. 과거의 통계에 대해 여건이 바뀐 상황을 무시하고, 향후 추이도 그러할 것이라고 예측하는 것은 매우 위험하다. 어떤 결과를 발생시켰던 원인이 달라지면 결과도 달라진다. 2002년 당시의 통계를 담당하던 컴퓨터 프로그램은 2000년대 이후 3대의 대가족문화가 급속히 해체되고, 1인 가구 위주의 1세대가 주류로 등장하는 문화적 트렌드를 읽을 수 없다. 이를 읽고 자료를 수정해야 하는 것은 컴퓨터 프로그램을 다루는 인간의 몫이다. 잘못된 통계는 잘못된 선택을 만든다. 따라서 특정 통계 자료가 도출되면 반드시 그러한 결과가 나오게 된 원인부터 분석하고, 통계데이터의 원천과 자료의 적정성을 검토한 후 분석 결과로 활용해야 할 것이다. 구체적인 통계 프로그램을 활용한 통계 자료의 검정과 재가공 및 분석은 앞으로 출간될 실전투자 심화편을 기약하도록 하자.

마지막으로 2017년 현재의 부동산시장을 주택시장 전망에 적용되고 있는 벌집순환모형(Honeycomb Cycle Model, Janssen et al.(1994)으로 전망해보도록 하자. 벌집순환모형은 네덜란드의 4개 도시를 대상으로 주택거래량과 주택매매 가격을 이용해 분산형 그래프로 표현하는 과정에서 벌집과 유사한 모형으로 순환함을 발견한 후 붙여진 이름이다. 이후 세계 여러 나라의 학자들에 의해 자국의 주택시장 전망에 활용되고 있는데, 아직도 확실한 이론적 지위는 차지하고 있지 못하지만 유용한 가설 중의 하나이다. 실제 세부적으로 이 순환모형과 일치하지 않는다고 해도, 거래량과 가격이 상당한 상관관계가 있는 것은 부인할 수 없는 사실이다. 벌집순환모형에 의한 주택시장의 순환은 6개 국면(Phase)으로 나타나는데 일정한 육각형의 패턴을 나타내면서 시계 역방향으로 순환한다.

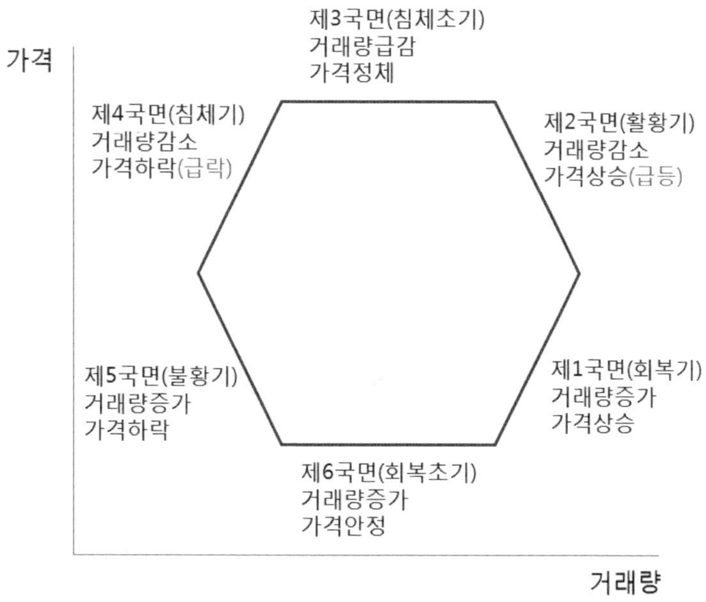

제1국면은 부동산시장의 회복기로 거래량이 지속적으로 증가하며 신규 분양시장과 중고주택시장 모두 가격상승이 나타나는 국면이다. 제2국면은 제5, 6국면에서 선도적으로 매입에 나섰던 투자자들이 매수에 나서지 않으며, 거래량은 줄지만, 가격이 오르기 전 시장진입을 원하는 실수요자와 후발 투자수요가 나타나며 가격은 상승한다. 특히 이 국면에서는 외부 경제상황과 정부정책, 금융환경이 맞물려 폭등세가 나타나기도 하며, 신규 분양시장이 특히 강세를 보이는 경우가 많다. 제3국면에 들어서면 거래가 급감하며 가격은 정체한다. 반면에 제1, 2국면에서 인허가, 착공에 들어간 신규분양물량과 입주물량은 지속적으로 공급되며, 시장을 침체기로 이끄는 단초로 작용한다. 제4국면은 제1국면의 반대 국면으로 가격과 거래량이 모두 감소한다. 분양물량도 급감하나, 여전히 입주물량은 지속되며, 수요와 공급의 미스매치가 발생한다. 외부 경제 환경, 1,2국면의 가격 상승폭, 공급과잉의 정도에 따라 가격이 급락하기도 한다. 제5국면은 전문 투자자들이 매수에 나서기 시작하며 가격은 하락하나 거래량은 증가한다. 특히

이 시기는 대출만기가 돌아오는 과정에서 하우스푸어 문제가 사회적 이슈가 되는 경우가 많다. 제6국면은 바닥이라는 인식이 확산되고, 투자심리와 가격은 안정되고 거래량도 증가한다. 이때 대부분의 전문 투자자와 일부 실수요자들은 매입에 나서지만, 많은 실수요자들은 제4, 5국면에서 겪었던 어려움을 떠올리며, 매수에 주저하게 된다. 부동산시장은 특히 정책변수가 많이 작용하고, 외부 경제변수에 따라 벌집순환모형에 의한 주택시장의 전망이 들어맞지 않는 경우도 많다. 하지만 부분적인 시장을 대상으로 접근하고 예측하는 것에는 상당한 효용성이 있다. 거미집이론과 마찬가지로 수급의 시차의 중요성을 강조하는 것은 마찬가지지만 거래량으로 시장의 심리를 파악해 향후 국면을 예측할 수 있다는 점에 의의가 있다 할 것이다.

부동산 시장 전망은 다양한 변수를 어떻게 조합하느냐에 따라 달라진다. 결국 경제 환경 등 시장에 영향을 미치는 통계적 자료를 최대한 수집해 검증하고, 선행 연구에서 어느 정도 유용성이 입증된 다양한 이론을 바탕으로 정부의 정책을 예측해 움직이는 것이 가장 확률을 높이는 방안이 될 것이다. 여기에 현장경험이 축척되는 과정에서 부지불식간 길러지는 촉(?)이 더해지면 성공적 투자도 더 이상 남의 얘기가 아닌 자신의 히스토리가 될 것이다.

맺음말

외부에서 재테크 강의를 하다 보면 느끼는 점이 있다. 모두가 곧바로 돈이 되는 정보를 획득하거나, 쉽게 배워 부자가 될 수 있는 방법을 갈망하고 있다. 고기가 잘 잡히는 곳을 알고 싶어 하고, 낚시하는 법을 속성으로 배우고 싶어 한다. 그 마음이야 충분히 이해한다. 그런데 어쩌겠는가? 그런 방법은 없다. 설령 그런 방법이 있을지라도 스스로 깨치는 것이지 아무도 가르쳐주지 않는다.

곰곰이 생각해보자. 책 한 권으로, 강의 한 번 듣고 단번에 해결할 수 있는 대단한 방법이 있는데, 강의료나 인지대에 욕심이 생겨 강의나 저술을 통해 그런 비법을 만천하에 공개하겠는가?

오직 이타심으로 그렇게 할 수 있는 분이라면 애초에 사회사업가나 종교인이 되셨을 것이다. 단박에 그런 노하우를 깨칠 수 있는 경천동지할 수법(?)은 단언컨대 이 세상에 없다. 하지만 일정 이상의 노력을 경주하면 안전하게 자산을 증식할 수 있고 투자에 성공할 확률을 높일 수 있는 노하우는 분명 존재한다. 이는 몇 단계 과정을 거치면서 완성된다. 하지만 대부분의 사람들은 우물에서 곧바로 숭늉을 마시기를 원한다. 배탈이 안 나면 다행이다.

관련 지식과 내공이 쌓이고 나면 진리는 단순한 곳에 있다는 나름의 투자 철학이 생긴다. 그런데 그러한 분들이 강조하는 공통점은 한결같다.

화려한 그래프를 동원한 기술적 분석과 복잡한 계산식이 등장하는 투자기법도 아니고, 보통사람과는 차원이 다른 투자기술이나 철학을 갖고 있는 것도 아니다. 이미 대부분의 사람들이 듣고 알고 있는 투자 철학에 투자기법이다. 그럼에도 어쩌겠는가? 아무리 말해줘도 탐욕에 눈이 먼 사람들은 지름길만 원하기 마련이다. 부모가 되기 전에 부모의 마음을 알 수 있는 사람은 드물다. 마찬가지다. 지속적인 노력에 의한 연륜이 축척되면 부자가 되기 위한 조건을 스스로 터득한다. 다만 목표를 가지고 실천을 하느냐는 본인의 선택이다.

본 책은 이러한 목적에 부합하게 저술되었다. 책의 전체 구성을 2장으로 나누어 1장에서는 투자와 자산관리에 대한 접근이라는 주제로 다루었다. 이 부분이 뻔한(?) 얘기로만 다가오는 사람은 위험하다. 결국 마음가짐과 기초가 모든 것을 결정한다. 2장에서는 투자를 하기 위해서 반드시 알아야 하는 전반적인 경제지식과 부동산 자체가 가지고 있는 종목별 특성에 대해 서술했다. 숲을 모르고 좋은 나무만 고르고 있다면 그 끝은 자명하다. 숲 전체에 재선충이 창궐하고 있는데, 혼자서 그 나무의 세부적인 수령이나 아름다움을 분석하고 있다면 얼마나 어리석은 일이겠는가? 혹은 주변의 숲이 모두 개발되어 이 숲의 희소가치 자체가 엄청나게 올랐는데, 나무에 흠결이 많아서 고민하고 있는 사람이 있다면 과연 투자에 성공할 수 있겠는가? '나무 보다 숲을 먼저 보라'는 말을 귀에 닳도록 들었지만 어떤 사람은 그 뜻을 이해하고, 어떤 이는 진부한 경구 정도로 여기고 넘어간다.

바둑에서도 복기를 한다. 복기는 중요하다. 그런데 하수들은 복기를 하지 않거나 복기를 해도 복기의 중요성을 인식하지 못하므로 발전을 못한다.

똑같은 지식을 섭렵하더라도 내공의 깊이에 따라 결과는 완전히 달라진다. 이 책을 보고 나서 더 깊게 공부해보고 싶다는 마음이 드는 사람은 성공할 확률이 매우 높다. 그렇게 지속적으로 노력한다면 아마 평생 사용할 수 있는 비장의 무기를 지니게 될 것이라 확신한다. 경제나 부동산에 관련된 책과 뉴스에 꾸준한 관심을 갖고 접하기를 권한다.

저자 스스로도 다음 책에서는 실무경험이나 대학 강의, 상담 등에서 체험한 사실과 한국적 상황에 맞는 변형된 이론을 바탕으로 부동산의 세부 종목별 투자와 통계적 기법, 정책의 이면을 활용한 투자방법론에 대해서 심화된 책으로 다시 찾아 뵐 것을 약속드린다. 끝까지 읽어주신 독자 여러분의 건승을 기원한다.

ECONOMICS

부록

1. 대한민국 부동산 주요 정책 연혁과 시장전망

연도	대책	주요 내용
1980	경제활성화대책(9.16)	양도세 5~20% 이하 대단위 서민주택 건설
	부동산경기활성화대책 (12.13)	양도세 탄력세율 도입
1981	주택경기활성화조치 (6.26)	양도소득세 완화 분양가 통제 일부 해제
1982	부동산 등 당면 경제대책(1.14)	양도세 탄력세율 적용 시한 연장 주택자금지원 및 주택금융개선 주거지 토지형질변경 제한완화
	경기활성화대책(5.18)	취등록세 30% 감면 미분양 주택 공급대상 확대
1985	고용안정 및 주택건설 촉진방안(9.5)	공공과 민간의 토지 공동개발 유도 분양가 지역별 차등제 건축규제 완화, 주택금융확대
1986	주택경기촉진방안(2.12)	1가구 2주택 양도세 면제기간 연장 (1.6년 → 2년) 국민주택기금 지원대상 확대
1988	부동산종합대책	양도세제 개편(누진세제) 1가구 1주택 비과세 요건 강화
1989	긴급부동산투기억제대책	수도권 1기 신도시 건설 토지공개념 3법 제정 (토지초과이득세법, 택지소유 상한법, 개발이익 환수법)
1990	부동산투기억제대책	다가구주택건설 촉진 비업무용부동산 규제 강화
1995	부동산실명제	실명등기 의무화

1998	주택경기활성화대책(5.22)	분양가 자율화, 양도세 한시면세 토지거래 허가-신고제 폐지 분양권 전매 한시 허용
	주택경기활성화자금 지원방안(6.22)	분양 주택 중도금 대출 재개발 사업 기금지원
	건설산업활성화방안(9.25)	중도금 추가지원 민영주택 분양가 자율화
	건설 및 부동산경기 활성화대책(12.12)	민영주택 분양가 추가 자율화 양도세 한시감면 범위 확대
1999	주택경기활성 조치(3.22)	재건축 가구 2,000만 원 자금지원
	주택건설촉진대책(10.7)	민영청약 자격 완화, 재당첨 제한 폐지 청약예금-부금 취급기관 다변화
2000	주택건설촉진대책(7.1)	국민주택기금 지원대상 확대
	건설업 활성화 및 구조개편 촉진대책(8.29)	주택 구입 시 양도세 감면 임대주택 시장 활성화
	지방건설활성화방안(11.1)	천안 대전 목포 3개 지역 신시가지 조성 비수도권 신축주택 양도세 면제 주택채권 매입부담 감면, 취, 등록세 감면
2001	건설산업구조조정 및 투자적정화방안(5.23)	신축주택 구입 시 양도세 한시 면제 국민주택 규모 취등록세 한시 감면
2002	주택시장안정대책	투기자 세무조사, 자금출처조사 재건축 안전진단 강화 수도권 2~3개 신도시 건설 투기지역 규제 강화 국민임대 100만 호 건설(10년간)

2003	주택시장안정종합대책 (10.29)	분양권전매제한 부활 재건축 조합원 지분 전매 제한 재건축 중소형 60% 건립 의무화 1가구 3주택자 양도세 중과세 (60% 단일세율 적용) 종합부동산세 도입
2005	서민주거안정과 부동산 투기억제를 위한 부동산제도 개혁방안 (8.31)	1가구 2주택 양도세 중과 종합부동산세 가구별 합산 도입 (6억 원 이상으로 대상 확대) 주택공급확대방안 (제2기 신도시 건설) 실거래가신고의무화, 실거래가 등기부기재
2006	부동산시장안정화방안 (3.30)	주택거래 신고지역 자금조달계획신고 재건축 개발이익 환수제 도입 신도시 택지개발기간 단축 분양가 상한제 및 원가공개 담보대출 제한(LTV, DTI)
2008	지방미분양대책(6.11)	지방 미분양 취등록세 1% 완화, LTV 규제완화 일시적 1가구 2주택 기간을 2년으로 확대
	부동산활성화대책(8.21)	수도권 전세제한 기간 완화, 재건축규제합리화 분양가 상한제 개선
	세제개편안(9.1)	양도소득세 인하 (9~36% → 6~33%) 상속증여세 세율인하, 중소기업가업상속공제 40%(최대 100억 원) 확대

2009	경제활성화 지원 세제개편안	다주택 보유자 양도세 중과제도폐지
	양도세 중과 폐지 한시적용(5.1)	2주택자 및 3주택자, 비사업용토지 2010년 12월 31일까지 기본세율 적용
2010	금융세제지원 및 건설사 유동성 지원(8.29)	2010년 3월 말까지 DTI 자율조정(투기지역제외, 9억 원 이하), 다주택자 양도세 중과 완화 2년 연장, 보금자리 물량축소 및 연기
2012	주택거래정상화 및 서민 주거안정(5.10)	강남3구투지역 해제(LTV, DTI 40 → 50%), 분양권 전매제한 기간 완화, 민영주택 재당첨 폐지, 보금자리론 지원대상 및 한도확대
	경제활력대책(9.10)	양도세 감면(2012년 말까지 미분양 취득 시 5년간 양도세 면제) 취득세 추가 감면(2.4% → 1.2%)
2013	부동산종합관리대책(4.1)	양도소득세 한시 감면(취득 후 5년간 양도세 전액 면제, 5년 이후 차액과세) 다주택자 양도세 중과 폐지(2년 내 단기 양도 40% → 기본세율)
2014	대출 비율 완화(7.24)	주택 담보대출 인정 비율 완화(LTV) 70% 총부채 상환비율 완화(DTI) 60%
	주택 시장 활력 회복 및 서민 주거안정 강화(9.1)	재건축 연한 완화(최장 40년 → 30년) 재건축, 재개발 임대주택 비율 완화 대규모 공공택지 지정 중단(3년간)
	부동산 3법 통과(12.29)	민간 택지 분양가 상한제 폐지 재건축 부담금 부과 유예기간 3년 연장

2015	기준 금리 인하	3월 12일 기준 금리 2% → 1.75% 인하 6월 11일 기준 금리 1.75% → 1.5% 인하
2016	가계부채관리방안(8.25)	주택공급속도조절(공공택지 공급물량 조절, 주택도시보증공사[HUG] 분양보증심사강화) 집단대출관리강화(주택금융공사, HUG의 중도금보증 한도 축소[100% → 90%], 차주 소득자료 확보와 사업장 현장 조사 의무화)
2016	실수요 중심의 시장형성을 통한 주택시장의 안정적 관리방안(11.3)	맞춤형 청약제도를 통한 청약시장 과열 완화 및 실수요자 당첨기회 확대(서울, 경기 · 부산 중 일부지역, 세종시에 선별적 적용) 과도한 단기 투자수요관리(중도금 대출보증요건 강화(계약금 5% → 10%), 2순위에도 청약통장 필요)

자료출처: 부동산 왕초보 탈출기(서성수, 이영래, 임태섭 공저, 산지니) 수정보완
음영이 들어간 것은 부양책, 음영이 없는 것은 규제 및 안정책

박근혜 정부 정책의 기조는 규제완화로 인한 성장 동력 창출로 규정할 수 있다. 이에 발맞추어 수많은 부동산정책이 발표되었다. 특히 주목할 정책은 재개발, 재건축 관련 규제 완화정책과 최근에 발표된 11.3 대책에서의 태도변화라고 볼 수 있다. 취임 이후 내수경기 부양 등의 이유로 지속적인 부동산 활성화 정책을 펼쳤지만 최근 들어 정책 방향이 바뀌고 있다. 정확히 표현하면 바뀌고 있다는 표현보다는 어쩔 수 없는 환경에서 떠밀려 간다는 표현이 옳을 수도 있겠다. 1,300조를 넘어 폭주기관차처럼 질주하는 가계부채 위험성과 금리인상 후폭풍에 대응하기 위한 피할 수 없는 선택이다. 결국 경제성장이나 소득 증가가 따르지 않는 상태에서 상승하는 부동산가격은 어느 순간 경제에 부담으로 돌아온다. 유효수요를 구성하는 요소인 구매의

사와 구매력을 '빚'을 통해 증대시켰기 때문이다. 인간 생활도 살다 보면 여러 명목의 '파티'가 필요하다. 낭비요소나 파티 후의 후유증을 걱정해 파티 자체를 열지 말아야 된다는 주장은 단견이다. 그러면 낭비요소 없이 안정적으로 잘 돌아갈 것 같지만, '다람쥐 쳇바퀴 돌 듯' 하는 생활의 반복으로 어느 순간 개인도, 사회도 무기력에 빠진다. 이는 '월요병이 두려워 일요일을 없애자'는 말처럼 바보스런 말이다. 경제도 마찬가지다. 가끔은 의도적으로 파티를 열어줘야 한다. 그래야 경제에 활력이 생긴다. 파티를 열려면 주최자가 있어야 한다. 부동산 시장에서는 정부를 주최자로 보면 될 것이다. 이때 참석자는 지켜야 할 수칙이 있다. 파티 분위기에 휩쓸려 과음하거나, 너무 많이 먹다 보면 다음 날 뒤탈이 생긴다. 주최자도 조심해야 한다. 좋은 분위기를 마무리하기 아쉬워, 끝낼 때 못 끝내면 돈은 돈대로 풀고, 좋은 소리 못 듣는다. 아쉽겠지만 주최자는 종료 시간을 알려줘야 하고, 도우미들은 손님들에게 더 이상의 음식, 술, 접시 보충을 중단해야 한다. 후유증이 두려워 파티에 참석하지 않는 바보가 되어서는 안 된다. 본인만 소외되기 때문이다. 파티 초대장이 오면 참석하자. 대신 적당할 때 나오는 미덕을 발휘해야 한다. 정부가 부동산 부양책으로 파티 날짜를 공시하면, 파티의 규모나 참석자 면면을 보고 골라서 참석하자. 대신에 미련스럽게 먹지 말고, 적당할 때 나오면 된다. 현 정부의 정책 중 국토교통부 보도 자료를 중심으로 부동산 시장의 흐름을 바꾸게 된 주요정책을 정리해보면 다음과 같다.

도시 및 건축분야

◇ 도서관내에 공연장, 어린이집 등 주민 편의시설 설치가 가능해집니다.

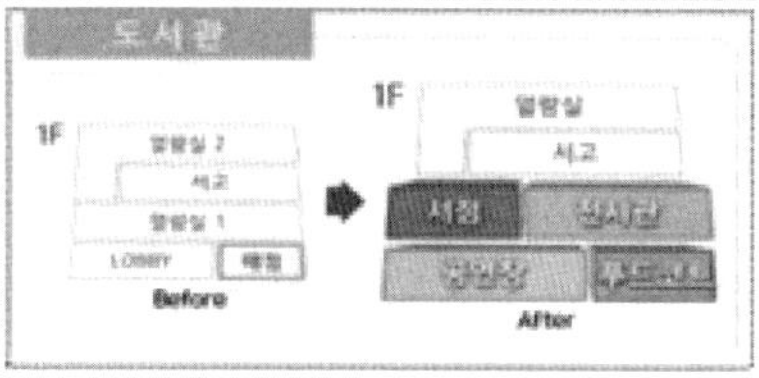

- (사례) 워킹맘 A는 퇴근 후 지역 도서관내 어린이집에 다니는 아이와 함께 '공연장'에서 어린이 뮤지컬을 본 후 '아동도서'를 구입하고 귀가

◇ 오래된 터미널 주변이 영화관, 쇼핑몰 등이 들어서서 재탄생합니다.

- 터미널, 복합환승센터 등 주요 교통요지, 경제활동 집중되는 시설에 각종 규제 대폭 완화

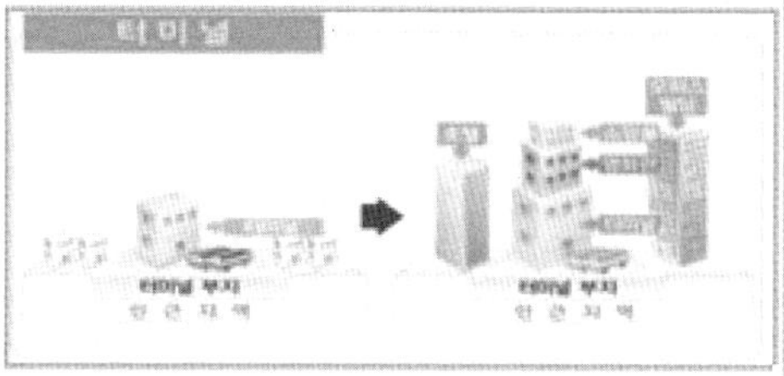

◇ 10년 이상 묶여 있던 도로부지 등을 개발할 수 있게 됩니다.

- 도로·공원부지 지정 후 10년이상 방치된 부지가 931㎢ (서울 면적의 1.53배)

⇒

- 지자체의 예산범위내 집행계획에 포함되지 않은 부지는 해제
- 국가 해제 권고제 도입 (토지소유주가 국가에 해제 신청)

◇ 개발제한구역이 주민 힐링공간으로 재탄생하고, 녹지•관리지역의 기존 공장은 증개축이 가능해집니다

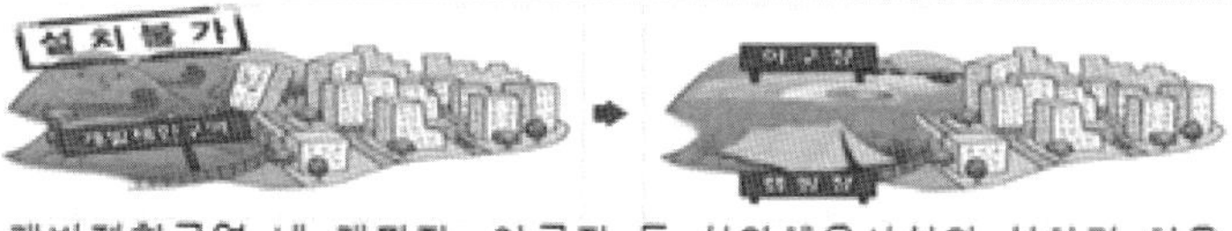

- 개발제한구역 내 캠핑장, 야구장 등 실외체육시설의 설치가 허용

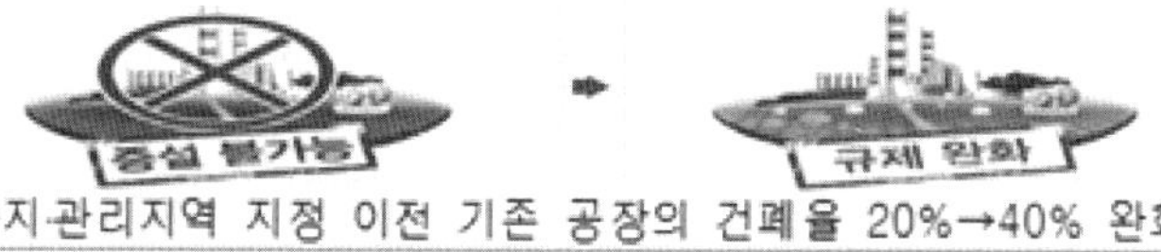

- 녹지·관리지역 지정 이전 기존 공장의 건폐율 20%→40% 완화

◇ 설계 ~ 건축 인허가 기간이 200일 → 100일로 줄어듭니다.

- **(설계)** 임의기준, 과도조례를 폐지하고, 건축민원을 합리적으로 재해석
- **(심의)** 건축·도시·경관·교통 위원회를 1회로 통합심의
- **(인증)** 녹색건축인증, 에너지효율등급 인증 등 7개 인증·평가를 연계·통합
- **(허가)** 건축허가시에는 기본설계도서만 제출, 세부도서는 착공신고시 제출

◇ 도로사선제한 폐지로 건축투자 사업의 수익률이 향상됩니다.

- 개방감 확보 목적으로 건물의 높이를 전면도로폭의 1.5배로 제한
  ➡ 미관저해, 경제성 저하, 사후 불법 증축 조장

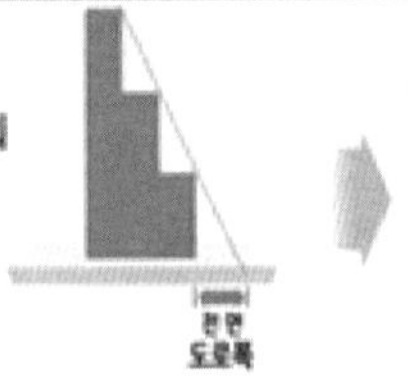

- 도로사선 규제 폐지
  ➡ 10% 추가 개발 가능

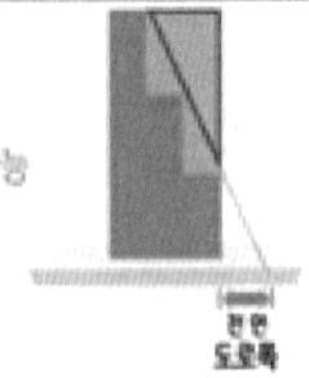

◇ 이웃주민 땅과 합쳐 재건축을 할 수 있습니다.

- 부동산 경기침체로 대규모 재개발 위축
- 2~3필지 정도의 소규모 재개발도 인센티브 부재

- 인센티브 제공으로 소규모 합동 재건축 활성화
  ➡ 2~3개 필지를 하나로 간주하여, 건축가능 필지 확대

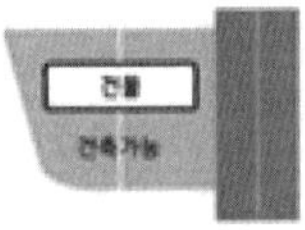

◇ 용적률 혜택을 확실히 주도록 법으로 보장합니다.

- 사유지를 공개공지로 제공해도 지자체가 법에서 정한 용적률 인센티브를 불인정
  - 공개공지 제공, 에너지 절약 건축물 건축

- 법에서 직접 용적률인센티브를 제공토록 의무화

* 공개공지 : 건축주가 용적률 등 혜택을 받는 대신 땅 일부를 대중에게 휴게공간 등으로 제공하는 것

◇ 화훼온실에서 재배된 화초를 자유롭게 판매할 수 있습니다.

- 양계장, 화훼비닐하우스 등에 있는 소규모 판매시설을 부대시설로 불인정

- 농축산품 소규모 판매를 위한 판매시설 입지 허용
- 용도변경 절차없이 판매시설 설치

자료출처 : 국토교통부 보도자료

부동산 활성화 정책에서 안정화 정책으로 전환 신호 - 11.3 대책

실수요자 중심의 주택시장 형성 유도 및 주택시장 안정적 관리				
실수요자 당첨기회 확대 (국지적 시장과열 완화)		실수요자 금융지원	주택시장의 투명성 제고	
맞춤형 청약제도 조정	과도한 투자수요 관리	자금지원 및 금융부담 완화	정비사업 제도 개선	청약시장 불법행위 근절
◈대상지역 • 서울 전지역, 경기 · 부산 일부 지역, 세종특별자치시 ◈택지유형 • 지역에 따라 공공 또는 민간 또는 모두		◈정책 모기지 지속 공급 • 디딤돌 대출 등 모기지 차질 없이 공급 • 적격대출의 은행별 한도 추가배정 등 ◈LH분양 중도금 조정 • 1회차 납부 시기도 4~8개월 연기하고, 중도금 비율 등 축소	◈경쟁입찰 확대 및 용역비 공개 • 일반경쟁 원칙, 민간수요자 전자조달 시스템 사용 의무화 등 ◈금품 · 향응 수수행위 신고 활성화 • 신고포상금 및 자진신고제 도입 ◈정비사업 대출보증요건 강화 ◈정비사업 조합 운영실태 점검	◈청약시장 불법행위 상시 점검팀 운영 • 정기점검 외 과열이 발생한 지역은 불시점검 실시 • 각 호별 분양권 및 주택거래 내역 파악시스템 구축 ◈신고제도 활성화 • 신고포상금 및 자진신고제 도입 ◈부적격 당첨자 청약제한 기간 연장 • 3개월→1년
◈청약제도 조정 • 전매제한 기간 강화 : 1년 연장 또는 소유권이전 등기시 • 1순위 제한 : 대상 주택청약시 2주택 이상 소유자 제외 등 • 재당첨 제한: 1~5년간 재당첨 제한	◈투자수요 관리 • 중도금 대출 보증 발급요건 : 계약금 5→10% • 2순위 청약시에도청약통장 필요 • 1순위 청약일정 분리: 당해/기타 구분 • 청약가점제 비율 유지 (40%)			

자료출처 : 국토교통부 보도자료

<table>
<tr><th rowspan="3">광역 지자체</th><th rowspan="3">기초 지자체</th><th rowspan="3">택지 유형</th><th colspan="4">맞춤형 청약제도 운영</th><th colspan="4">과도한 투자수요 관리</th></tr>
<tr><th colspan="2">전매제한기간</th><th rowspan="2">1순위 제한</th><th rowspan="2">재당첨제한</th><th rowspan="2">중도금 대출보증요건 강화</th><th rowspan="2">2순위 청약 시 통자사용</th><th rowspan="2">청약 일정 분리</th><th rowspan="2">가점제 자율시행 유보</th></tr>
<tr><th>변경 전</th><th>변경 후</th></tr>
<tr><td rowspan="4">서울특별시</td><td rowspan="2">강남 4구</td><td>민간</td><td>6개월</td><td rowspan="2">소유권 이전 등기시</td><td rowspan="11">조정대상 지역에 청약시
① 세대주가 아닌 자
② 5년 이내 다른 주택에 당첨된 자의 세대에 속한 자
③ 2주택 이상 소유 세대에 속한 자
는 1순위에서 제외</td><td rowspan="11">조정대상지역의 주택 및 당첨된 세대에 속한 자를 재당첨 제한주택과 재당첨 제한 대상자에 포함

*재당첨제한 기간

(85m² 이하 청약시)
과밀억제권역 당첨자 5년
그 외 지역 당첨자 3년

(85m² 초과 청약시)
과밀억제권역 당첨자 3년
그 외 지역 당첨자 1년</td><td rowspan="11">(계약금 납부)
분양가 5%
↓
분양가 10%</td><td rowspan="11">2순위 청약시 청약 통장 사용 의무</td><td rowspan="11">1일차 당해
2일차 기타로 1순위 접수 분리</td><td rowspan="11">청약 가점제 40% 유지</td></tr>
<tr><td>공공</td><td>1~2년*</td></tr>
<tr><td rowspan="2">강남 4구 외</td><td>민간</td><td>6개월</td><td>민간 1년6개월</td></tr>
<tr><td>공공</td><td>1~2년*</td><td>소유권 이전 등기시</td></tr>
<tr><td rowspan="5">경기도</td><td rowspan="2">과천시</td><td>민간</td><td>6개월</td><td rowspan="2">소유권 이전 등기시</td></tr>
<tr><td>공공</td><td>1~2년*</td></tr>
<tr><td rowspan="2">성남시</td><td>민간</td><td>6개월</td><td>민간 1년 6개월</td></tr>
<tr><td>공공</td><td>1~2년*</td><td>소유권 이전 등기시</td></tr>
<tr><td>하남시
고양시
화성시 (동탄2에 한함)
남양주시</td><td>공공 (민간택지 제외)</td><td>1~2년*</td><td>소유권 등기시</td></tr>
<tr><td>부산광역시</td><td>해운대구
연제구
동래구
남구
수영구</td><td>민간 (공공택지 제외)</td><td>·</td><td>·</td></tr>
<tr><td colspan="2">세종특별자치시 (예정 지역에 한함)</td><td>공공 (민간택지 제외)</td><td>1년</td><td>소유권 이전 등기시</td></tr>
</table>

* (현행 공공택지 전매제한기간) GB해제 50% 이상 공공택지 : 시세 85% 이상 1년, 70~85% 2년, 70% 미만 3년 / 그 외 공공택지 : 1년

자료출처 : 국토교통부 보도자료

2016년 들어 계속적인 가계부채의 증가 외에도 서울 강남과 수도권 일부, 부산, 세종시 등 일부 지방에서의 기록적 청약행진과 불법 분양권 전매 등 과열된 분양시장과 재개발, 재건축시장에 대한 규세가 필요하다는 주장이 일각에서 제기되었다. 하지만 정부는 대내외경기가 좋지 않은 상황에서 내수경기를 떠받치고 있는 부동산 경기마저 가라앉을 우려로 인해 8.25 대책에서 어중간한 태도를 취하다 된서리를 맞았다. 정부의 기대와는 달리 시장에는 공급과잉 부담에서 벗어날 수 있다는 점이 호재로 작용되며, 일부지역에서는 시장이 더 과열되는 양상을 보였다. 이후, 고민 끝에 확실한 입장정리를 했다고 보이는 것이 11.3 대책이다. 8.25 대책에서 갈팡질팡했던 정부의 신호가 비교적 확실히 표현되었다. 시장에서 해석된 신호는 이러하다.

시장의 경착륙을 방지하기 위해 무리한 규제책은 가하지 않겠지만, 최소한 더 이상의 부양책은 없을 것이며, 시장 상황에 따라 추가적인 규제도 가해질 수 있다.

미국 금리인상과 맞물려 일정 시차를 두고 우리도 금리 인상카드를 꺼낼 수밖에 없는 상황에서 가계부채는 우리 경제의 뇌관으로 작용할 수 있다. 아무리 내수경기 부양이 중요해도 부채에 짓눌린 가계로 인해 경제 전반에 심각한 부작용을 초래할 수 있다. 이는 설령 11.3 규제에서 벗어난 지역이나, 일부 비합리적 시장 참여자들의 오판으로 가격이 상승한다고 해도, 곧 이어 추가적 규제가 이어질 것임을 시사한다. 현 상황에서 소위 얘기하는 전문 투자자(가수요 유발자?)들은 시장에 참여하기 힘들다. 특히 불법청약과 분양권 3회 이상 전매자에 대한 조사 강화는 상당한 압박으로 작용할 것이다. 실수요자 역시 최근 몇 년 사이의 가파른 상승세에 피로감으로 인한 심리 위축을 피할 수 없다. 대외경제 불안은 여전하고, 여소야대, 탄핵 정국과 관련한 조기대선 가능성 등 국내 정세와 관련된 여러 상황으로 봤을 때 추가적인 규제책이 나오기도 쉽지 않겠지만, 그렇다고 부양책을 기대하기도 힘든 상황이다. 이런 시기는 섣부르게 움직이는 것보다는 대선 정국과 관련된 정책의 흐름과 대내외의 전반적인 경기상황을 확인 한 후 움직이는 것이 좋을 것이다.

2. 반드시 알아야 할 도시계획 체계와 부동산용어 해설

자료출처 : 서울특별시 알기 쉬운 도시계획 용어

부동산은 경제적, 기술적, 법적 사항이 종합된 학문이다. 과거 법과 제도적 측면에서 주로 연구되던 부동산학은 최근 들어 경제학적 측면에서 시장과 가격 및 가치 연구 위주로 바뀌고 있다. 하지만 물건이 아닌 권리관계를 거래하는 부동산거래의 특성상 법적 측면에 대한 정확한 이해가 선행되지 않으면 성공적인 투자는 기대하기 힘들다. 관련 법률이 너무 방대해 부동산 전문가조차도 모두 주지하기는 힘들다. 그러나 미래가치를 보고 부동산 투자를 하기 위해서는 최소한의 도시계획 체계는 이해하고, 관련용어에 대한 숙지가 선행되어야 한다. 위 도표를 바탕으로 국토 및 도시계획의 체계와 관련된 전체적인 흐름과 기본적인 용어 정도는 반드시 알고 넘어가야 한다. 시간이 날 때마다 위 도표의 흐름과 기본적 용어 습득에 관심을 갖기 바란다. 이렇게 되면 부동산 관련 제도가 눈에 들어오기 시작할 것이며,

자연적으로 자금이 흘러갈 곳도 짐작할 수 있다. 이하에서는 앞 도표에 나와 있는 용어 위주로 설명하도록 하겠다. 여유가 되는 사람들은 서울시 홈페이지 도시계획국 자료실에서 "알기 쉬운 도시계획 용어집" 자료를 다운로드 받아 꾸준히 공부할 것을 권한다. 시중의 그 어떤 책보다도 쉬우면서도, 직관적, 체계적으로 서술되어 있다.

1. 국토기본법

국토의 균형발전과 경쟁력 있는 국토 여건의 조성, 환경 친화적인 국토관리를 위한 국토계획 및 정책의 수립 · 시행에 관한 기본적인 사항을 정함으로써 국토의 건전한 발전과 국민의 복리향상에 이바지함을 목적으로 2002년 2월 4일 제정한 법률로 선언적 의미의 법률이다.

2. 국토계획 및 이용에 관한 법률

(구)국토이용관리법과 (구)도시계획법을 통합하여 효율적인 국토의 이용과 관리를 위해 국토의 이용 · 개발과 보전을 위한 계획의 수립 및 진행 등에 필요한 사항을 정하여 공공복리를 증진시키고 국민의 삶의 질을 향상시키는 것을 목적으로 하는 법이다.

3. 국토종합계획

국토개발과 보전에 관하여 종합적 · 장기적인 정책방향을 설정하는 국가의 최상위 국토계획이다. 현재 진행 중인 제4차 계획은 2003년에 확정하여 2000년부터 2020년까지 적용된다. 2006년 제4차 국토종합계획 수정안을 발표하였으며, '약동하는 통합국토의 실현'을 목표로 하고 있다.

4. 수도권정비계획법

수도권에 과도하게 집중된 인구와 산업을 적정하게 배치하도록 유도하여 수도권을 질서 있게 정비하고 균형 있게 발전시키기 위한 계획을 말한다. 수도권정비계획에서는 수도권의 인구와 산업을 적정하게 배치하기 위해 수도권을 과밀억제권역, 성장관리권역, 자연보전권역으로 구분한다.

5. 기반시설계획

도시계획 용어로서의 기반시설은 도로 · 공원 · 시장 · 철도 등 도시주민의 생활이나 도시기능의 유지에 필요한 물리적인 요소로 『국토의 계획 및 이용에 관한 법률』에 의해 정해진 다음의 시설을 말한다.

1. 교통시설 : 도로 · 철도 · 항만 · 공항 · 주차장 등
2. 공간시설 : 광장 · 공원 · 녹지 · 공공공지 등
3. 유통 · 공급시설 : 유통업무설비, 수도 · 전기 · 가스공급설비, 방송 · 통신시설, 공동구 등
4. 공공 · 문화체육시설 : 학교 · 운동장 · 공공청사 · 문화시설 · 체육시설 등
5. 방재시설 : 하천 · 유수지 · 방화설비 등
6. 보건위생시설 : 화장장 · 공동묘지 · 납골시설 등
7. 환경기초시설 : 하수도 · 폐기물처리시설 등 환경기초시설

기반시설 종류

자료출처 : 서울특별시 알기 쉬운 도시계획 용어

6. 광역도시계획

둘 이상의 특별시, 광역시, 시 또는 군에 걸쳐 있는 광역시설을 체계적으로 정비하기 위하여 국토교통부장관 또는 도지사가 국토의 계획 및 이용에 관한 법률에 따라 수립한 광역계획권의 장기발전방향을 제시하는 계획을 말한다. 광역도시계획이 수립되어 있는 지역의 도시기본계획의 내용이 광역도시계획의 내용과 부합하지 않을 때에는 광역도시계획의 내용이 우선하며, 20년을 단위로 수립한다.

7. 도시기본계획

특별시 · 광역시 · 시 또는 군의 관할 구역에 대하여 기본적인 공간구조와 장기발전방향을 제시하는 종합계획으로서 도시관리계획 수립의 지침이 되는 계획을 말한다. 지역적 특성 및 계획의 방향 · 목표에 관한 사항, 공간구조, 생활권의 설정 및 인구의 배분에 관한 사항, 토지의 이용 및 개발에 관한 사항, 토지의 용도별 수요 및 공급에 관한 사항, 환경의 보전 및 관리에 관한 사항, 기반시설에 관한 사항, 공원 · 녹지에 관한 사항, 경관에 관한 사항 및 이에 대한 단계별 추진에 관한 사항이 규정되어 있으며, 5년마다 그 타당성 여부를 재검토하여 수정한다. 대부분의 시와 군에 수립되어 있으므로, 그 도시에 대한 발전가능성과 투자가치를 검토하기 위해서는 반드시 살펴봐야 한다. 각 지자체 홈페이지에서 다운로드 받아서 수시로 확인할 것을 권한다.

8. 도시관리계획

도시기본계획을 구체화시키기 위한 계획으로 특별시 · 광역시 · 시 또는 군의 개발 · 정비 및 보전을 위하여 수립하는 토지 이용, 교통, 환경, 경관, 보건, 문화 등에 관한 계획을 말한다. 도시관리계획에는 1. 용도지역 · 용도지구의 지정 또는 변경에 관한 계획, 2. 개발제한구역, 도시자연공원구역, 시가화조정구역, 수산자원보호구역, 입지규제최소구역의 지정 또는 변경에 관한 계획, 3. 기반시설의 설치 · 정비 또는 개량에 관한 계획, 4. 도시개발사업이나 정비사업에 관한 계획, 5. 지구단위계획구역의 지정 또는 변경에 관한 계획과 지구단위계획이 포함된다.

9. 용도지역

국토를 토지의 이용실태 및 특성, 장래의 토지이용방향 등을 고려하여 도시지역, 관리지역, 농림지역, 자연환경보전지역의 4종류의 용도지역으로 구분한다. 도시지역은 다시 주거지역, 상업지역, 공업지역, 녹지지역으로, 관리지역은 보전관리지역, 생산관리지역, 계획관리지역으로 구분하고, 각 지역은 다시 세분해서 규정된다. 부동산의 부동성에 의한 부정적 외부효과를 방지하기 위한 제도로서 국토의 계획 및 이용에 관한 법률 제6조에 규정되어 있다. 토지마다 기본적인 쓰임새를 정해놓고, 건축물의 밀도를 조절하는 것이 핵심으로 중복해서 지정할 수 없다.

10. 용도지구

미관 · 경관 · 안전 등 특별한 목적을 위하여 용도지역의 제한을 강화하거나 완화하여 적용함으로써 용도지역의 기능을 증진한다. 미관지구, 경관지구, 방화지구 등이 있으며, 용도지역과 중복해서 지정 가능하다.

11. 용도구역

특정한 도시계획 목표를 달성하기 위해 토지의 이용과 건축물의 용도 · 건폐율 · 용적률 · 높이 등에 대한 용도지역 및 용도지구의 제한을 강화 또는 완화하여 따로 정한다. 개발제한구역, 시가화조정구역, 도시자연공원구역, 수산자원보호구역, 입지규제최소구역으로 구분한다. 특히 현정부 들어서 새롭게 규정된 입지규제최소구역은 다른 용도구역이 주로 제한하는 용도인 반면에 이곳은 규제를 최소화시켜 사업성을 강조하는 것에서 차이가 있다.

12. 개발제한구역

그린벨트(greenbelt)라고도 하며, 도시의 경관을 정비하고, 환경을 보전하기 위해서 설정된 녹지대로 건축물의 신축 · 증축, 용도변경, 토지의 형질변경 등의 행위가 제한된다.

13. 지구단위계획

지구단위계획은 종전의 『건축법』에 의한 도시설계와 도시계획법에 의한 상세계획을 통합하면서 생긴 제도로서 도시 내 일정구역을 대상으로 광역도시계획, 도시기본계획 등 상위계획과 관련계획의 취지를 살려 토지이용을 구체화 · 합리화하기 위해 수립한다.

목표에 따라 도시기반시설의 설치, 건축기준의 제시 등 부문별 계획이나 상세정도를 달리하며, 구체적으로 아래의 사항에 대해 정하게 된다.

1. 용도지역 또는 용도지구를 『국토의 계획 및 이용에 관한 법률』 시행령에서 정하는 범위 안에서 세분하거나 변경하는 사항
2. 『국토의 계획 및 이용에 관한 법률』 시행령에서 정하는 기반시설의 배치와 규모
3. 도로로 둘러싸인 일단의 지역 또는 계획적인 개발 · 정비를 위하여 구획된 일단의 토지의 규모와 조성계획
4. 건축물의 용도제한 · 건축물의 건폐율 또는 용적률 · 건축물의 높이의 최고한도 또는 최저한도
5. 건축물의 배치 · 형태 · 색채 또는 건축선에 관한 계획
6. 환경관리계획 또는 경관계획
7. 교통처리계획
8. 그 밖에 토지이용의 합리화, 도시 또는 농 · 산 · 어촌의 기능증진 등에 필요한 사항으로서 『국토의 계획 및 이용에 관한 법률』 시행령에서 정하는 사항

자료출처 : 서울특별시 알기 쉬운 도시계획 용어

14. 도시개발법

계획적이고 체계적인 도시개발을 도모하고, 쾌적한 도시환경을 조성하기 위해 도시개발구역으로 지정되고, 고시된 구역 내에서 주거 · 상업 · 산업 · 유통 · 정보통신 · 생태 · 문화 · 보건 및 복지 등의 기능을 가지는 단지 또는 시가지를 조성하는 것과 관련해 필요한 사항들을 규정하고 있다. 신도시개발을 생각하면 된다.

15. 도시및주거환경정비법

낙후된 도시기능의 회복이 필요하거나 주거환경이 불량한 지역을 계획적으로 정비하고 노후 · 불량건축물을 효율적으로 개량하기 위하여 필요한 사항을 규정하는 법률이다. 재개발, 재건축, 주거환경개선, 도시환경정비사업 등이 있다.

16. 도시재정비촉진을위한 특별법

기존의 재개발, 재건축, 주거환경정비사업 등이 독자적으로 진행됨에 따라 전체적인 도시정비와는 부합되지 않고, 단절되며, 새로운 문제점을 도출시켜왔다. 이를테면 개별단지별로 진행되면서 도로망의 연결성이 고려되지 않아 병목현상의 발생, 공원 등의 기반시설에 대한 미비나 중복형성 등의 문제점이 나타남에 따라 정비사업을 좀 더 광역적으로 계획하여 효율적으로 개발할 수 있는 체계를 확립하기 위해 특별법을 제정했다. 재정비촉진지구, 흔히 뉴타운사업으로 불린다.

17. 주택법

구)주택건설촉진법이 열악한 주택보급률을 향상시키는 데는 기여하였으나, 양적인 공급측면에만 치중함에 따라 주거생활의 질적 수준을 높이는 데는 한계를 보임에 따라, 주택건설촉진법을 전면 개편해 2003년 주택법을 제정하였다

특히 우리나라는 외국과 달리 아파트 등 공동주택 위주에 대단지로 형성되는 것을 선호하는 경향이 있어 건축법의 특별법으로써 중요한 역할을 담당하고 있다.

18. 건축법

건축물의 대지 · 구조 및 설비의 기준과 용도 등을 정하여 건축물의 안전 · 기능 및 미관을 향상시킴으로써 공공복리의 증진에 이바지함을 목적으로 하는 법률이다. 건축물을 짓기 위해서는 건축법에 의한 규정에 맞추어 신고나 허가를 득해야 한다.

19. 경관녹지와 완충녹지

경관녹지는 도시의 자연적 환경을 보전하거나 이를 개선함으로써 도시경관을 향상하기 위하여 설치하는 녹지를 말한다. 완충녹지는 수질오염 · 대기 오염 · 소음 · 진동 등 공해의 발생원이 되는 곳 또는 주거지역이나 상업지역 등을 분리시킬 목적으로 두 지역사이에 설치하는 녹지대를 말한다. 주로 도로나 철도 주변 주거지대 등에 설치된다. 이러한 녹지에는 개발행위가 제한되므로 투자에 유의해야 한다.

20. 용적률과 건폐율

용적률은 대지면적에 대한 건축물의 연면적(용적률 산정 시에는 지하부분을 제외한 지상 부분 건축물의 면적을 기준으로 함)의 비율이다. 건축물에 의한 토지 이용도를 나타내는 척도이다. 용적률은 건축법에서 정한 최고한도 범위에서 각 지방자치단체가 조례로 세부기준을 정한다. 건폐율은 1층의 건축 바닥면적을 대지면적으로 나눈 비율(건폐율(%)=건축면적/대지면적×100) 용적률과 건폐율은 용도지역에 의해 차등적으로 주어지며, 보통 대지의 평수에 대해 어느 정도 규모(평수)의 건물을 지을 수 있는지를 제시하는 건축 기준이 되므로 땅의 가치와 직결된다.

참고문헌 및 사이트

국민일보 2016. 5. 6 "올해는 망했다" 에버랜드 대국민 눈치 게임 실패 현장!

국정브리핑 특별기획팀(2007), 『대한민국부동산 40년』, 한스미디어

국토교통부 보도자료(http://www.molit.go.kr)

국토연구원, 국토연구 통권 68권, 「한국 주택시장과 벌집 순환 모형의 관련성에 관한 연구」

김종수 · 서윤규(2006), 「거미집 모형(cobweb model)을 이용한 부동산시장 구조 분석」, 『경영연구』 제25권

김현식(2015), "거시경제지표변화와 주택가격관계의 실증연구" 한국감정원 부동산시장 분석보고서(2015년 동향 및 2016년 전망)

마카베 아키오 저, 김정환 옮김(2011), 『투자자를 위한 경제학은 따로 있다』, 부키

매일경제신문 2015. 4. 10 "탑상형 VS 판상형"

방경식(2011), 『부동산학 용어사전』, 부연사

부산일보 2016. 12. 12 "부동산Hot팁"(서성수)

서성수 · 이영래 · 임태섭(2016), 『부동산 왕초보 탈출기』, 산지니

서울특별시 도시계획국, 알기 쉬운 도시계획 용어(http://easyurban.seoul.go.kr)

소상공인창업지원센터, "상권정보시스템"(http://sg.sbiz.or.kr)

양영준(2016), 『부동산자산관리론』, 부연사

오동일 · 민태욱(2016), 『재테크와 자산관리』, 부연사

이경균(2014), 『금융상품의 이해와 운용』, 두남

이데일리 2016. 10. 6 "따로 노는 아파트 시세… 수요자들 '헷갈리네'"

이준용(2015), "주택공급수준 진단의 문제점과 올바른 접근방법", 한국감정원 부동산시장 분석보고서(2015년 동향 및 2016년 전망)

이창석(2014), 『부동산학개론』, 형설출판사
이태교 · 이용만 · 백성준(2009), 『부동산정책론』, 법문사
전국아파트신문(2010) 서성수 칼럼

부동산 투자실무

초판 발행일 2016년 12월 23일

지은이 서성수
펴낸이 강수걸
편집장 권경옥
편집 정선재 문윤호 윤은미
디자인 권문경
펴낸곳 산지니
등록 2005년 2월 7일 제333-3370000251002005000001호
주소 부산광역시 해운대구 수영강변대로 140 부산문화콘텐츠콤플렉스 613호
홈페이지 www.sanzinibook.com
전자우편 sanzini@sanzinibook.com
블로그 http://sanzinibook.tistory.com

ISBN 978-89-6545-399-4 03320

*책값은 뒤표지에 있습니다.
*본 교재는 2016년 영산대학교 평생학습중심대학사업단의 지원으로 제작되었습니다.